大夏书系 · 教育艺术

◎李进成 主编

有效处理学生问题的25个
心理学智慧

华东师范大学出版社
全国百佳图书出版单位

图书在版编目（CIP）数据

有效处理学生问题的25个心理学智慧/李进成主编.
—上海：华东师范大学出版社，2013.5
ISBN 978-7-5675-0740-1

Ⅰ.①有... Ⅱ.①李... Ⅲ.①学生心理—教育心理学
Ⅳ.①G444

中国版本图书馆CIP数据核字（2013）第112170号

大夏书系·教育艺术

有效处理学生问题的25个心理学智慧

主　　编　李进成
策划编辑　朱永通
审读编辑　卢风保
封面设计　灵韵一格

出版发行　华东师范大学出版社
社　　址　上海市中山北路3663号　邮编　200062
网　　址　www.ecnupress.com.cn
电　　话　021-60821666　行政传真　021-62572105
客服电话　021-62865537
邮购电话　021-62869887　地址　上海市中山北路3663号华东师范大学校内先锋路口
网　　店　http://hdsdcbs.tmall.com/

印 刷 者　北京密兴印刷有限公司
开　　本　710×980　16开
插　　页　1
印　　张　12.5
字　　数　151千字
版　　次　2014年1月第一版
印　　次　2025年1月第十三次
印　　数　36 101—37 100
书　　号　ISBN 978—7—5675—0740—1/G·6493
定　　价　49.80元

出 版 人　朱杰人

目　录

智慧 1

关注行为前事，有效矫正学生的不良行为

案例呈现

他为什么总喜欢欺负女生

有一天，班长小仪告诉我，小林总是欺负班里的女生，有时候还动手，女生都很讨厌他。

初始判断

初闻此言，内心不由得升起一股怒火：如此品质恶劣的学生不严肃处理不足以平“民愤”。但理性又提醒我：盛怒之下不应该轻易作出此类决定。于是我让自己先冷静下来，再认真思考小林入学以来的种种表现：外表清秀，没有犯过太多的错误，对老师的批评能接受，学习成绩尚可，也没表现出太出格的叛逆。他给我的整体印象和那些普通意义上的“刺头”不太相符。于是我决定收回自己最初的判断，撕掉在内心深处为其贴上的道德标签，和他进行一次深入的交谈。

经过必要的情感铺垫之后，我问他：“有女生反映你有欺负女同学的现象，是不是真的?”小林倒也坦率，说他就是看不惯

她们的样子，于是想给她们一点教训。“她们得罪过你吗?”“没有，反正就是看不惯。”

看来，他内心深处有一种讨厌女生的情节。根据神经语言程序学理论，我判断在他的神经链里链接着一种生活表象，他在下意识里重演一段不愉快的经历，慢慢就形成了对女生的偏见。只有消除这种过往经验带来的感受，才能从根本上解决他的问题。

读懂过程

小林自己陈述，他读小学的时候很老实，总是受到同学，尤其是漂亮的女孩子的欺负。有一次一个女生欺负他，他忍无可忍，就进行了回击。没想到这个女生恶人先告状，到老师那里哭诉，结果他被那个女老师打了两巴掌。

这段生活经历让他对女生产生了厌恶情绪。随着年龄的增长，他感到要想不被别人欺负，自己就要强大。他表现强大的方式就是欺负别人，让别人害怕自己。进入高中后，他就刻意展示自己“不好惹”的一面，经常欺负女生。

教育之方

要想改变他的行为，必须先改变他的认识；而要想改变他的认识，必须先改变他的感受。于是我决定通过情绪接纳改变他对生活表象的体验，以改变他的感受，消除他对女生的不良印象，帮助他建立对女生的良好感觉，从根本上解决他欺负女生的问题。

“我想你当时一定很难过。”

他激动地点了点头。

“不仅仅是你难过，我想任何一个人受到这样的委屈都会难过的，甚至会产生一种报复的冲动。”

听我这样说，他激动地说：“就是这样，我从那时就特别讨厌女生，甚至会找机会报复她们。”

“你的想法可以理解，不过，你有没有想过，当别人受到你的欺负时，也会有类似的想法？再说，当时诬陷你的人已经不和你是同学了，而现在的同学有没有诬陷过你呢？”

“我们班的女生的确没有做过对不起我的事情。”

因为有老师的理解在前，他慢慢收回了防御心理，对问题的认识也趋于理性。

下面的任务就是从他的神经链中剔除不愉快的表象链接，代之以新的表象链接。

“你想不想改变你现在的这个不良习惯？”

“我努力过，但有时候就是控制不住自己，不由自主地就做出欺负女生的举动。”

“只要你想改变，老师会帮你的。现在请你闭上眼睛，想象那个女生在向老师告你的恶状，然后老师面目可憎地给了你两耳光。你用一块很有神力的黑色布，把那些让你感到不愉快的影像统统覆盖住，然后用你充满泄愤的力量把它们扔向太空。那个黑布很神奇，它会按照你的意思带着你仇恨的‘对象’飘向远方。你想象那些被覆盖的影像慢慢在眼前越飘越远，直至彻底地消失。当你想象完这一切的时候向我点头。”

这是神经语言程序学调节学生不良情绪的覆盖法：让眼前出现想去掉的影像，然后想象用一块黑色的魔布或其他黑色的东西把那个影像盖住，覆盖的同时想象在那块黑布的魔力作用下，影像很快消失了。于是，旧有的神经链中的影像就被去掉了。这便意味着，旧有的神经链在潜意识里也被覆盖了，去掉了。

过了一会儿，小林点了点头。

“很好，现在请你正面评价我们班的女生，尤其是比较优秀的却被你欺负的女生。”

"她们学习很刻苦，待人接物很有礼貌，不记仇，等等。"

"那么，你认为她们会怎样评价你呢？"

"可能认为我这个人很衰，没有教养。"

"你希望得到这样的评价吗？"

"不希望。"

"下面请你想象你用热情而有礼貌的方式对待女生，并想象她们的反应。"

过了一会儿，小林点点头。

"请你描述一下你想象的场面。"

"当她们遇到困难的时候，我伸出了友谊之手。"

"能不能具体描述一下当时的场面？例如，帮助女生提很重的物品。告诉我感觉如何。"

"好像自己很自豪，有一股男子汉的气概。"

"再想一想，当你做了这一切之后，她们是如何评价你的？"

"她们说我很有男子汉气概，很有修养，有责任心等。"

"你的感觉如何呢？"

"很开心，很希望这样。"

"我认为你也能做到这样。给你带来不愉快的是以前的同学，她们已经离你远去，现在的同学是很可爱的，请你珍惜。"

这是通过想象建立一个美好的影像，然后建立新的神经链。新建的影像越被强化，就意味着与之相对应的神经链也越被强化。

之后，小林果然不再欺负女生了，女生对他的评价也越来越好。

试想一下，如果我不去了解该生的生活经历，而是随便给他贴上"品质恶劣"的道德标签，甚至痛心疾首地对他进行一番"动之以情、晓之以理"的教育，会有效果吗？如果我拿起"纪律”的武器，给学生一个处分，学生也许会迫于压力收敛自己的行为，但我相信他内心里的那颗“毒瘤”会越来越大。

方法提升

很多老师在处理学生的问题时往往感觉力不从心或无可奈何，根本原因在于这些老师忽视了学生不良行为背后的原因。弄清楚引发某种行为的前因——行为前事，是老师有效矫正学生不良行为的关键性前提。

对于行为前事，美国教育家加里·D. 鲍里奇在《有效教学方法》中这样界定：“学生表现出某种行为，该行为是由前面的事件引发来的，这个事件就是行为前事。”例如，晚自习时，教室比较喧闹，原因是科代表刚刚发下测验试卷，学生拿到试卷必然要讨论：考得好的情不自禁地兴奋，考得不好的难免要抱怨，且同学之间会相互了解成绩，对答案等。这些因素必然引发教室的喧闹。发放试卷就是引起喧闹的行为前事。这个时候，草率地批评学生不遵守纪律显然是不明智的。同样，这个时候，老师长篇大论地进行纪律教育，效果肯定也不明显，反而可能会激起学生的逆反心理——不尊重老师的“说教”。此时最有效的方法是，针对具体问题采取具体措施。例如，规定在课间发试卷，让学生在课间发泄情绪，等上课的时候，发试卷这个事件已经过去，不再引起学生的关注，由此而引发喧闹的问题自然就解决了。

引起学生不良行为的行为前事有很多，有的可能来自家庭。例如，我们班一个在老师眼里非常优秀的学生，平时非常遵守纪律、尊敬老师，有一天在课堂上，对老师的提问他竟然不愿意回答，而当老师追问的时候他还出言不逊，顶撞老师。如果仅根据这个行为就给他戴上“扰乱课堂，侮辱师长”的帽子，就很不利于问题的解决，甚至从此就把这个学生推向了老师的对立面。过后，我找这位同学谈话，谈话地点没有选在办公室，因为进办公室往往给学生一个心理暗示——接受老师的批评教育，学生也容易产生警惕和敌对心理。我把该生带到操场，先从他平时的优秀表现说起，肯定他一直以来的学习态度和对待老师的态度，并说所有的老师都挺喜欢他。学生表情逐渐松弛，甚至对我的表扬有些不好意思。然后，我说："你今天在课堂上对抗老师肯定是有原因的，例如心理不愉快，就把这种不愉快不自觉地带到了课堂中。你能否告诉老师是什么让你不愉快吗?"这时，学生紧闭的心灵开始向我敞开：原来昨晚他和父母争吵得很厉害，父母不分青红皂白地把他批评一通，而他不服气，想要申辩，结果越谈越糟糕，最后演变为家庭冲突。其实他只是帮助了一位女同学，就被家长说成早恋。家长不厌其烦地对他进行教育和批评。他昨晚没有休息好，今天上课老师又正好提问到他，因为心情不好，他就没有注意回答问题的态度和说话的语气。昨天的家庭矛盾就是今天课堂冲突的行为前事，要解决问题还得从行为前事着手。我对该生说："很感谢你对老师的信任，把家庭隐私告诉了我。你认为老师该如何帮助你呢?"这时学生的情绪已经得到充分的发泄，他恢复了理智。他说他会当面向科任老师道歉，希望得到谅解。后来，我又针对这个问题和该生家长交换了意见，家长也认识到自己教育孩子的方式过于简单。

学生不良行为的行为前事也可能是由老师的表现引起的。例如，有一位女同学，平时表现比较优秀，但突然一段时间，上课小动作不断，甚至还在课堂上睡觉，且这些行为基本上都发生在历史课上。我发现了这个学生的不正常现象，就找她谈话。一开始，她很激动地说："我就是不喜欢历史老师。"这让我很意外，因为学生们对历史老师的评价一直不错，而为什么单单这个学生有这么大的意见呢？我和蔼地对她说："能告诉老师为什么吗?"

她说："我原来上课认真听，作业也认真完成，但很快我发现历史老师不喜欢我，好像对我有意见，所以我也不喜欢他了。"我问："你根据什么说老师不喜欢你呢?"她的回答有点出乎我的意料："因为他从来都不提问我。我想可能是因为我成绩不优秀，所以我加倍努力地学习历史，结果我测验成绩比较好时，他也不表扬我，不提问我。我就开始用小动作来吸引老师的注意，但他还是不理我。实在没办法，我就想用更严重的行为引起老师的注意，那就是装睡觉。没想到装着装着就成习惯了，一上他的课，我就不由自主'趴下'了。"她的一席话让我恍然大悟，老师的"不关注"是引起该生这些"恶劣"行为的前事。该生比较文静，可能也是老师忽略她的原因，但肯定不是老师有意忽略该生。我先对该生进行了安抚，说历史老师如何优秀，平时对学生很好，很关心学生。过后，我又和历史老师交换了意见。事后，历史老师主动找那位女同学聊天、谈心。一个星期之后，该生找到我，兴奋地对我说："没想到历史老师那么好，那么和蔼可亲。"她现在听课感觉趣味无穷，再也没有在课堂上睡觉的现象。如果不从行为前事来找解决问题的方法，只是针对学生有小动作、上课睡觉等不良行为进行批评教育，不但不能解决问题，还可能进一步激化师生矛盾。一旦师生对立，我们的教学管理就很难有效进行。

学生不良行为的行为前事也可能是由老师不恰当的评价引起的。有的老师进行批评教育的时候不注意词语的运用，一不小心就会采取简单的贴标签式的评价，从而引发学生的不良行为。例如，如果因为学生一次值日没有做好，就批评他不负责任，就会给他贴上"不负责任"的标签；如果因为学生一次没有参加集体活动，就批评他缺乏集体观念，就会给他贴上"缺乏集体观念"的标签。贴标签式的批评很容易引起学生的反感：既然老师认为我"不负责任"，那么我就"不负责任"，下次值日还这么做；既然老师认为我"缺乏集体观念"，那么下次我还不参加集体活动。所以，老师对学生进行批评教育时要注意用纯粹的行为术语来描述学生的行为，让学生改正具体行为。例如，用"你的作业有许多涂改的地方"而不是"你做作业从来都很马虎"，这样学生既容易改正自己的错误，也知道如何改正。学生没有值日时，老师只针对值日之事进行批评，比如哪些环节没有做好，然后惩罚他多做一次值日，这样学生就容易接受。

因此，当学生出现一些不良行为的时候，作为教育者的我们一定要把视野放得宽一些，不仅要仔细分析不良行为本身的情况，更要关注引发该行为的行为前事，因为只有对症下药，才能"治病救人"。当然，引发学生不良行为的原因很多，有些问题不可能一下子解决。学生的不良行为也存在着反复性，老师要认同这种反复的必然性，不要想着一劳永逸，毕竟学生还在受教育，还在成长。学生在成长过程中难免会犯错误，对此老师要有教育者的耐心和细心。有时候，矫正学生的不良行为还需借助一定的惩罚手段，"没有惩罚的教育是不完整的教育"。当然这种惩罚是针对行为本身的。

总之，矫正学生的不良行为是一个长期而艰巨的过程，但是当我们把视野放宽，更多地关注行为前事的时候，会收到事半功倍的效果。

（李进成　广东省广州市禺山高级中学）

智慧2

善用早期记忆法，觅得学生成长密码

案例呈现

我班有个“谦虚女”

学生小雅是我在2009年接手新班级的时候分到我班的一名女生，该生给我留下的最初印象是文静、恬适、谦逊、成绩优异。相信这样的女生无论在老师中，还是在学生中，都会受到欢迎。可事实并非如此，没过多久，她和班里的新朋友的关系就陷入了紧张。她被周围的朋友排斥，大家说都她“虚假”。原来，每次考试她都能取得不错的成绩，可她总是谦虚地说：“我的运气好，瞎蒙的。”一开始，大家觉得这是她在谦虚，便没有将其放在心上。可当朋友们向她请教问题的时候，她却以相同的话搪塞大家。这样就难免让人产生误会：以为她怕朋友们超越自己，所以不愿意帮助大家。久而久之，大家给她取了一个绰号——“谦虚女”。

读懂过程

一个文静、恬适、成绩优异的女生本该受到欢迎，但她的性格为什么令人不愉快呢？我分明看到了她自己的疑惑与不解：被朋友远离，孤独又无助，掉入了“谦虚女”的魔咒中。于是我翻开了她入学时的“心灵成长档案”，在她的早期记忆里找到了答案。

她的早期记忆有三则。

第一则：“3 岁的时候，我爸爸第一次也是唯一一次打了我。当时我、堂姐、我弟弟玩对面修房子用的水，结果被爸爸抓回家，他拿着棍子让我跪在衣柜前。后来，我妈叫我起来，我死都不起来。”

她的父亲一开始就出现在了记忆中。根据弗洛姆的观点，我们可以猜测她对父亲的兴趣远远超过了对母亲的兴趣。孩子总是最先对母亲发生亲密关系。在最初的几年间，孩子和母亲的合作是特别密切的。孩子需要母亲，依附着母亲，整个心灵活动都牵系在母亲身上。在这个阶段，父亲的作用根本无法同母亲相比。对父亲的兴趣一般产生于孩子发展的第二阶段，具体几岁开始，因人、因环境等诸多因素而异。假如孩子的兴趣转向了父亲，说明孩子对自己所处的情境已经有所不满。这通常是更小的孩子出生的结果。我们从该生叙述中的“我、堂姐、我弟弟”可以看出，这个弟弟是亲弟弟无疑。家中更小的孩子会取代她的地位，父母会把注意力转向弟弟。并且，父亲的教育更为失误，大家一起玩水，结果被打的只有她。从最后一句——“我死都不起来”，可见她对当时所处境遇的反抗。偏执的人格像种子一样被埋了下来。

第二则：“4 岁的时候，我的那个十分聪明的弟弟得白血病死了，我记得当时他就躺在一张木板上，盖着白布。我们一家人都在哭，只有我没有哭，但是，我还是流了一滴眼泪，也是唯一的一滴。”

第三则：“也是在我 4 岁时，我跟着我的表哥出去玩。街心花园的水池里有一匹马的铜雕塑，我想凑近看，便来到水池边，却一不小心掉了进去，差一点淹死，幸好表哥救了我。”

她所描述的4岁时候的这两件事情，很有关联，继续着第一则早期记忆所指向的人格核心。曾经取代她地位的十分聪明的弟弟死了，说明她有可能重新获得与母亲的亲密关系，但死亡对一个孩子而言又是那么深刻。所以她内心里应该是矛盾的，因为一家人都在哭，而“我没有哭”，虽然她在后面又补充说“我还是流了一滴眼泪”。解读早期记忆要联系现状：她重新获得了父母，特别是母亲的爱，但对弟弟的死有愧疚感，这是一种矛盾，也揭示出她此时此地也同样生活在矛盾中。第三则记忆也在描述着这样的矛盾：虽然重新获得了应有的，可那是很危险的，因为在水池边，一不小心就会掉进去，就会和弟弟一样——死去。不过她觉得自己很幸运，因为被救了。

综合三则早期记忆，不难发现她对人生的解释是这样的：有的东西会失去，也会重新找回，但总的来讲拥有的都是不稳定的，因为一不小心就会再次失去；不过自己又是幸运的，即使有困难也会有人帮助解决……许多事物如此这般在矛盾中反复。由此，我们就不难理解她的一些行为，比如即使取得了好成绩，也会将其归功于运气好，甚至会“谦虚”地说：“我的运气好，瞎蒙的。”不是她谦虚，这就是她内心真实的想法，是她无意识开启的心理防御机制。

教育之方

比较清晰地知道了她的问题所在后，在接下来的交往中，我着重做了以下三件事情。

第一，我和小雅一起解读了她的早期记忆，分享了我的解读。意想不到的事情发生了，我们共同的解读引出了她许多类似的回忆：买了新玩具怕弄丢了，喜欢锁在抽屉里；亲戚给压岁钱的时候，要反复询问父母能不能要，并担心父母会不会把压岁钱收回去；在学校里，无论是考试还是艺体获奖，都不愿意告诉父母；等等。所有的经历都指向了一个统一的人格特征——害怕失去拥有的。伴随着对过去的讲述，她越来越肯定了我的解读，肯定了自己的问题所在（实际上增强了她对自己的理解，而对自己的理解越深透，存在感和对自己的确定感就会越强烈）。这次分享成为她人格发展和消融的关键点。

第二，我向小雅周围的朋友作了恰当的解释，分享了她允许我透露的一些经历。我传递给他们一个重要的信息：我们共同帮助小雅，增强她的确定感和安全感。

第三，给小雅设计一个稳定的解释归因方案，即每次无论是成功，还是失败，都记在自己的心灵日记里，然后给予积极的解释。征得她的同意后，我每个月看一次她的心灵日记，并以批注的方式予以反馈，以加强她的稳定感或者纠正她的不确定感。

经过近两年的努力，渐渐地，小雅越来越快乐，周围的同学也开始接纳她，她感受到了改变自己带来的快乐。最为重要的是，她不再拒绝朋友向她求助学习方法或解题技巧，并在与同学们的互动中增强了自己的确定感。

她，在我的印象里，依然文静、恬适、谦逊、成绩优异……

方法提升

在这则案例中，我成功读懂学生小雅的方法主要是早期记忆法，这是精神分析学派常用的心理测试方法。早期记忆之所以有特殊地位，原因有二：其一，它包含了个人对自己及境况的最初估计，这是个人第一次对自己的总结，第一次对自己几乎完整的概念，以及对自己最初的要求。其二，这是个人的主观起点，是一个人的自传的开端。因此我们往往能从中发现他所觉察的脆弱或不安全地位。我们来看下个体心理学创始人阿德勒的观点："一个人的记忆绝非偶然，个人所记忆的，是他从接受到的无数个印象中选择出来的，那些他认为对他有重要意义的东西，象征了他的'生活故事'。其中尤为重要的是早期记忆。极端地讲，个人的早期记忆描绘出了其成长的'密码'。从中，我们可以断定一个孩子是被娇宠的，还是被忽视的，他的社会情感达到了怎样的水平，他希望和什么人合作，他曾经面临过怎样的问题以及他是如何应对的。简单地讲，早期记忆会明确地告诉我们：即使是在童年时代，他就是这样的一个人了（人格类型）。或者他在童年时代就已经发现世界是这个样子了（解释风格）。"

所以，毫不夸张地说，早期记忆是一个人发展的"核心"，解读早期记忆，就是在描绘一个人发展的"全息图"。那么，我们应该怎样收集、解读早期记忆呢？

首先是收集的早期记忆越多越好，这样解释起来更有把握。因为即使同为早期记忆，所描述的也不是同一件事情，但它们总是共同指向相同的心理动机或者生活风格，它们是一件完整"陶瓷"中的一块"碎瓷片"，只是每块"碎瓷片"上呈现的花纹角度有所不同而已。这给了我们解读学生早期记忆最为重要的两点启示：其一，我们开始了解学生的时候可以选择任何一条记忆来进行，但是不管我们选的是哪一条，结果都应该是相同的，每一条早期记忆都能显示出可以作为学生人格核心的动机。也即我们可以据此来印证对学生心理密码的解读是否正确：若所有的表现指向相同，则解读正确；反之，则解读失真或者有偏差。其二，可以供我们解读的材料会变得非常丰富，如学生所说的每一句话，一个习惯性的动作，所写的日记、周记、微博、QQ 签名、心情随笔，等等，甚至是说话时的肢体语言、在课桌上的"涂鸦"，也都有助于我们深入了解学生，因为这些表现的指向是一致的。即使在考虑学生的某种表现时由于疏忽犯了错误，也能够用其他的表现来检查或者校正。但不得不提醒的是，我们必须将学生的种种表现看作整体的一部分来加以解读，否则我们没有办法对其意义作最后的认定。

其次，于心理学而言，一个人的早期记忆是不是对他所能想起的最早的事情的记忆，甚至是不是对真人真事的记忆，都毫不重要。记忆的重要性，在于它们代表的东西，在于它们对生命的解释及与现在和未来的关联。所以我们在解读学生的早期记忆时，解读的重点是看出他的幼儿经历是偏向于思维，还是情感，或是感觉，甚或是直觉。了解了他的偏向，也就能明白他的思维方式是怎样的，有着怎样的无意识，以及他遇到事情时的“自动化”是怎样形成的甚至是怎样运转的。每个人成长的过程就是反复练习自己的偏好，让偏好越来越明显地指导自己的行为方式，以至形成个人处理问题的“自动化”流程，形成属于自己的风格或者个性。不仅仅是学生，就连我们老师也是一样的。面对学生的问题，有的老师喜欢说教，有的老师喜欢一阵棒喝，有的老师喜欢体罚，有的老师喜欢探究，有的老师喜欢用舆论压制，等等。原来我们的性情也来自心灵深处，并早在我们的幼儿时代就已初露端倪了。更为重要的是，解读早期记忆所需要把握的重要一点是将过去的记忆与现在的事件进行关联，即通过早期记忆寻找个体的“此时此地事件”。我们可以采用同情共感的方式，想象对方的环境，感受他的早期记忆，所获得的感受就是解读的结果。

最后，我要强调的是，每则早期记忆只是学生生活的一个片段，是学生整个人格——这一完整“陶瓷”的一块“碎瓷片”。简而言之，手拿“碎瓷片”，脑海中呈现的是一个完整的“陶瓷”。这里可以借用著名的解释学循环加以说明，即整体只有通过理解它的部分才能得以理解，而对部分的理解又只有建立在对整体的理解之上才不至偏颇。这可以防止人们孤立地、断章取义地理解。

心理学中的很多技术或者理论都能被我们在实际的教育教学中加以运用。早期记忆法只是其中的一个方法而已。绘画、音乐、舞蹈、沙盘……都能成为我们读懂孩子的向导。借此我们可以更为深刻地了解学生，了解后才能逐步理解学生的不同行为方式，理解他们的正确，理解他们的错误，最后清晰地看到他们的正确与错误皆来源于同一个心灵，同一种心理原动力。他们的正确行为与错误行为犹如硬币的正反两面，其本质是相同的。于我们一线教师而言，理解了这一点，可以让我们对学生的指导更专业，也让我们的工作更明哲。唯有如此，我们才能了解学生，也才有了教育学生的一点点“底气”。

（梁　岗　四川省成都市石室中学）

智慧 3

运用 SFBT 疗法，有效解决学生的学习难题

案例呈现

老师，我记不住

我刚接任高二（2）班班主任不久，小娟同学便在周记上给我留言，说自己近一段时间来学习状态不好，早上背东西没有一点效果，刚记住一句，背第二句时又忘了。她不知道该怎么办，希望我指点一二。

初始判断

因为开学刚三周，我对小娟学习的具体情况不甚了解。查看上学期的期末考试成绩，她名列班级第 15 名。我约她翌日早自习时间来办公室面谈。

翌日，小娟如约而至，并大大方方地坐在我对面，显然已作好了准备。

于是我便开门见山道："你在周记中说，这段时间背东西没一点效果，能不能说说具体情况？"

小娟没有犹豫，便开始谈起了自己的学习："我在背语文时，

感觉记起来很容易，就是英语也觉得背起来很轻松。只是在背政治、历史、地理的时候，背一句忘一句。不知道该怎么办。”小娟思路清晰，也显得比较自信，只是在说到后面时，头才微微地低下，稍显不自在。

“哦？”我双手放在桌子上，身体向前靠了一下，“那你的想法是什么？”

小娟说：“我希望在背政治、历史、地理的时候，也能像背语文和英语那样有效果。”说到这里，小娟眼睛直视了我几秒钟，目光里充满了期待。

我点了点头，算是对她目光的回应，然后继续询问：“那你是怎样背诵语文的？”

小娟抬起头，坐直了身体，面部略有一丝兴奋：“我背诵语文时，大脑中会有一幅图画。我把课文的内容都想象成画的内容，然后一段段地放在画里面。这样背诵，就很快记住了。”

“非常好啊！这么说，学习语文对你来说很有意思。”

“对，觉得很简单，也有意思。”

“那么，你又是如何背英语的呢？”

“背英语时，大概情况和语文一样。”小娟回答得很干脆，不过不够清晰。

“也就是说你在背英语时，大脑中也有一幅图画？”

小娟点点头，说道：“对，背英语时，我首先了解课文的内容。在大脑中有了大致意思之后，背诵时就能很快记住了。”

“你的意思是，你在背英语之前，首先对英语课文的内容进行了解，然后根据课文的大致意思去串背每一段的内容？”

小娟很肯定地回答道：“是的，我背诵前大脑中已经有了大致意思。”

“这么说，英语和语文你学习起来比较容易。很不错哦！”

小娟点点头，还有些不好意思。

教育之方

通过这些对话，我对小娟的学习习惯和思维方式有了一个大致的了解。她善于将外在信息转换为视觉表象，能够比较自如地把抽象的学科知识与自己丰富的具体生活体验结合起来。这样的学习思维方式应该是比较科学的，学习过程也应该是比较有趣和有效的。那么，她为什么会在政治、历史、地理学科的学习上有困惑呢？对于文科学生来说，文综能力的高低是高考能否取胜的关键所在。

以解决问题为重点的短暂心理疗法，即 SFBT 疗法，强调每个人都是自己问题的解决专家，它认为在每个人的真实经历中总有一些没有问题存在的时刻，或者获得成功体验的时刻，即“例外情形”。对小娟同学来说，语文、英语学科的学习时刻就是她的“例外情形”，也就是没有问题发生的时刻。

SFBT 疗法的使用原则是：如果方法可行，那就不要修改；如果行不通，那就尝试别的方法。小娟在语文、英语学科上的学习习惯既是科学的，又是可行的，当然需要进一步坚持了。而我，只需要引导她把这种习惯和方法迁移到文综的学习上就可以了。

我继续追问：“那么，你在学习政治、历史、地理时大脑中有没有图画？”我转向了她的问题焦点所在。

“没有。”小娟的表情一下子严肃起来，神情有些沮丧。

我继续问：“想一想，如果有，会怎么样？”

小娟笑了一下：“如果有的话，我会记住的。”

“对。如果有，你会记住的。”我加重语气，重复了一下她的观点，继续引导，“再想想学习语文和英语时，大脑中的图画是怎么来的？”

小娟愣了一会儿："我也说不清楚。我在学习英语时，就是先了解大意，然后根据大意去背，这样就记住了。"

"对啊，大脑中的图画其实就是文章的框架和大意，是不是？"

"嗯。"小娟点点头。

"再想想政治、历史、地理三科，你在学习时，大脑中有没有基本知识的框架？"

小娟用手指理了理头发，说道："没有。我记政治、历史、地理时，没有考虑那么多。原来的政治老师就只让我们背。"

我对政治老师的观点未置可否。因为我知道，好多学生都认为文科最重要的学习方法就是一个"背"字。但是，文科学习又怎一个"背"字了得?!

我继续引导小娟的思路："再想想，如果你在记忆政治、历史、地理之前，也理一理每节内容的基本框架，会怎么样呢？"

小娟想了想说："那么，我在背政治、历史、地理的时候，也就有可能出现图画了。"不过她语气有点勉强。

我还需要进一步让做法清晰化："你还记得我告诉你们的目录记忆法吗？"

小娟点了点头。

"思考一下，课本的目录是不是就是内容的基本框架？如果我们再把目录扩充一下，那是不是就变成知识体系了？顺着这样的思路去记忆，是不是就会和你学习英语、语文的思路一样了？"

小娟坐直了身体，脸上又露出了自信的微笑。

"那么，你现在知道该如何去学政治、历史、地理了？"

"知道了，老师。"小娟站起身来。

"那好，咱们明天早上就实践一下。实践后，找我说说你的感受好吗？"

小娟爽快地答应了。第二天做课间操时，她高兴地对我说：“效果非常好，谢谢老师。”

方法提升

SFBT疗法是为快速解决教育中面临的问题而提出的。它不关注问题产生的动因，只关注问题的解决方案。

与注重追因的问题处理思维方式不同，SFBT疗法有其自身的明显优势。

一是没有必要准备过多的材料，从而避免了人力、物力、财力不必要的浪费。作为普通老师，一个人要面对几十个甚至上百个学生，没有时间也没有精力去研究每一个学生问题产生的详细背景。SFBT疗法把关注点放在问题的解决策略上，不问“为什么”，只管“怎么办”，老师不需要有太多的准备，只需要引导问题的当事人明确自己的目标和问题，找到没有出现问题的那些“例外情形”，激发他们对“例外情形”的向往，然后鼓励他们继续坚持已被证明了的成功做法就可以了。

二是对学生产生的后果是积极的。SFBT疗法的最大特点是，发挥老师和学生在解决问题时的“双主体”作用，力求把学生培养成自我问题的解决高手，而不是把老师培养成问题处理专家，真正地体现了“以生为本”的教育理念。

作为不问“为什么”，只管“怎么办”的问题解决策略，SFBT疗法的运用过程，大致有以下几步。

第一步：让学生说出自己想要达到的目标。学生在确定自己的目标时更带有主动性，帮助学生解决问题的关键在于能否认真倾听他们对“想怎么改变”的描述。在前面的案例中，小娟所说的“我希望在背政治、历史、地理的时候，也能像背语文和英语那样有效果”就是她想要达到的目标。

第二步：如果这一问题的形成，并不仅仅是因为学生的话，那么，就该让每个影响事件发生的人都来分担责任，减轻学生的压力。

第三步：寻找“例外情形”。把目光和焦点从问题上引开，聚焦到成功的做法和体验上，给学生自信与动力。对于小娟来说，语文、英语学科的学习时刻就是她的“例外情形”，即没有问题发生的时刻。

第四步：要让学生清晰地认识到改变会有什么不同。设想“例外情形”下，自己、别人（家长、老师）会在哪些方面不一样，然后以此为核心确定改变的具体目标。

第五步：鼓励学生采用过去比较成功的做法，做自己有能力完成的事。

老师要相信学生有能力改变自己。如果对他们不信任或者怀疑他们是否具备解决自己问题的能力，我们的做法就会简单粗暴，甚至会以“爱”的名义侵犯他们的合法权益。

当然运用 SFBT 疗法来帮助学生解决问题时，要特别注意“持续跟进”。学生问题的出现有一个从量到质的积累，改变也将需要一个持续不断的过程。也就是说老师在解决学生的问题时，需要不断地跟进，给予学生持续的鼓励和强化，不要期望一蹴而就。

在前面的案例中，我让小娟第二天来分享她实践后的感受，就是想通过这种方式来增加互动机会，进一步给予她鼓励。只有当学生把解决问题的方法变成一种习惯时，我们的教育目标才能真正实现。

（李　鑫　甘肃省岷县一中）

智慧4

用情绪 ABC 理论，与学生有效沟通

案例呈现

为什么没人愿意嫁给陶渊明

小洁是我的第一批学生，当时我在某重点高中实习，她正上高二，是班上唯一不穿校服的女生，有一股天生的傲慢气质。这个漂亮的女生，成绩一直“稳居”班级倒数第一的位置。“她经常和街上的小青年混在一起，社会关系极其复杂。”她的前任班主任在和我交接工作的时候特别提到了她，并叮嘱我千万不要小瞧了这个小女子，搞不好会被她狠咬一口。

第一节课是陶渊明的《归去来兮辞》。自信满满的我早就把课备得滴水不漏，开场白之后果然一切顺风顺水。看看小洁，她似乎没有什么与众不同，只是眼中的光芒常常在瞬间明亮后旋即熄灭。这节课进入学生自由提问环节时，一只手高高举起——是小洁：“老师，你讲的东西书上都有，何必浪费那么多时间？不如讨论一下，如果把陶渊明这个男人放到现代，是不会有女人嫁给他的，对不对？”我一听就来火：不把注意力放在对课文的诵读和理解陶渊明厌恶官场、回归自然、做回自我的行为上，偏偏去讨论这些旁门左道的东西！这分明是在捣乱嘛。但是我不想发火，毕竟还想在学生心目中留下一个亲和的好印象，而且对小

洁，我并不想采取正面交锋的策略。

“那你说说，为什么没人会嫁给他？”我想她可能没料到我会顺着她的“竿”往上爬。但是，我想错了。她口齿伶俐，字正腔圆地回答道：“第一，他嗜酒如命，穷得连吃饭都没有钱，还要赊酒喝；第二，他完全没有家庭观念，做官只顾自己，自己不高兴了就回家，一家老小喝西北风他也不管；第三，他除了种花没有什么爱好。这样的男人，谁跟了他，除了活受罪，没有什么盼头。”我承认，她有备而来，也并不是完全在胡说八道。但是我依然恼火，明摆着她在向我炫耀，公然向我挑战。

事后，我为此追悔不已。表面上是我对她的捣乱不依不饶，实际上我已经为她的思路所牵扯，完全失去了应有的镇静，而且打乱了原有的计划，内心已经被她的挑衅刺激得血冲大脑，只想着怎么给她一记猛招将她“制服”。没想到，第一个回合的较量，我就输得一塌糊涂。

初始判断

与小洁的正面交锋败下阵来，出乎我的意料。事后冷静下来想想，我的失败和措手不及也是意料之中的。第一，我对小洁的了解极其表浅。在最初的意识里，我完全没有把小洁这类学生预计在内，所以对她的“挑战”没有心理和策略上的准备。第二，我对学生个体的需求没有充分的认识，只是按照常规的教学程序去备课，不能对小洁这类“吃不饱”的学生有更深层次的知识传授。第三，对小洁的咄咄逼人不具有应变机智，归根结底是唯我独尊的意识在作祟——师道尊严被公然挑衅后，乱了方寸，失了阵脚。

读懂过程

小洁这个女孩子虽然是老师的心头病，但是她身上的傲气与嚣张，并非因为她成心要与老师作对。事后我通过了解，知道了小洁的家庭情况及经历。原来这是一个遭遇颇为复杂的孩子：父亲酗酒，母亲由于软弱，在家中没有地位，总是灌输女人要找个有文化的老公才不会遭遇家庭暴力的思想给女儿，并最终选择了离婚。所以小洁叛逆刚烈的性格，以及早恋（她暗恋一个同学的哥哥，但那男的当时正在上海读研，于是为了能与之有共同语言，她非常爱读书，这也使得她的思想较之于同龄人更成熟），跟她那个爱醉酒的爸爸有很大关系。

教育之方

按马斯洛的需求理论，个体成长发展的内在力量是动机。而动机由生理需求、安全需求、社交需求、尊重需求和自我实现需求等多种不同性质的需要组成。各种需要之间，有先后顺序与高低层次之分；每一层次的需要与满足，将决定个体人格发展的境界或程度。像小洁这样的学生，更需要尊重与自我实现。所以我一改以往在众目睽睽之下把她叫出去“谈心”的做法，转而从情感沟通入手。我把自己对爱情的看法和她交流，也说了自己在她这个年纪曾经有过的一些类似经历。小洁也说了很多自己对那个男生的感觉，比如她害怕与他拉开更大的文化差距，所以看了很多书。正因如此，她看不起身边那些整日埋头苦学书本的同学，认为他们都是井底之蛙，所以不愿意与他们为伍。

小洁这样的女生，用另类的行为来捍卫的，其实并不是自己的自尊，而是自卑而脆弱的内心。她在课堂上的行为，其实是想赢得老师的好感，赢得同学的敬佩。但是她在想赢得尊重的同时，又忘了他人亦需要尊重。这种矛盾的统一体，使得小洁变得妄自尊大。

她糟糕的家庭环境让她比普通学生更渴望有一个可以骄傲的资本，她内心里其实有一个假想的“偶像”，那就是完美的自己。外人看到的是她伪装得并不完美的表面，所以讨厌她，排斥她；其实站在她的角度来看，她非常孤独，没有人可以分享，没有人欣赏，更没有人同声同气。但是她不需要怜悯的爱，她需要平等的认同，需要饱含尊重的喝彩。所以我用情感话题来拉近与她的心灵距离，虽然有点投其所好之嫌，但相比之前居高临下地与之“谈心”，她的提防心与戒备情绪缓和了不少。

之后，小洁在我上课的时候不再挑衅，而我也选择一些难度较大的问题来让她回答。她每次都没让我失望，但是我依然不当众表扬她。我知道她需要的是与老师之间的默契，我成全了她这小小的愿望。

老师与学生之间的沟通，大多缘于学生的问题，而所有问题的核心，都与“学习”挂钩。所以，师生之间的谈话，其实是一种没有情感交流的沟通，或者说是没有以相互信任、相互坦诚为前提的“伪沟通”。这种徒有其表的“面对面”，对于像小洁这种个性较强、有叛逆心理的学生，无疑会强化其抵触情绪。老师表情上的温和，冲淡不了话语间的锋芒——在学生看来，苦口婆心的说教不过是换了一把软刀子而已。这种“伪沟通”的师生交流，是用同情代替尊重，是以“爱”的名义充当“救世主”的角色，并不能触及学生心灵的深处。

方法提升

我们可以用情绪 ABC 理论来洞察学生的思想蓝图。情绪 ABC 理论是由美国心理学家埃利斯创建的，该理论认为激发事件 A （activating event 的第一个英文字母）只是引发情绪和行为后果 C（consequence 的第一个英文字母）的间接原因，而引起 C 的直接原因则是个体基于对激发事件 A 的认知和评价而产生的信念 B（belief 的第一个英文字母），即人的消极情绪和行为障碍结果（C），不是由某一激发事件（A）直接引发的，而是由经受这一事件的个体基于对事件的不正确认知和评价而产生的错误信念（B）所直接引起。错误信念也称为非理性信念。

如下图所示，A 指事情的前因，C 指事情的后果，有前因必有后果，但是有同样的前因 A，产生了不一样的后果 C_1 和 C_2。这是因为从前因到结果之间，一定有一座桥梁 B，这座桥梁就是信念，即我们对情境的评价与解释。也就是说，同一情境（A）之下，信念（B_1 和 B_2）不同，得到的结果（C_1 和 C_2）也便不同。因此，事情发生的一切根源在于我们的信念。

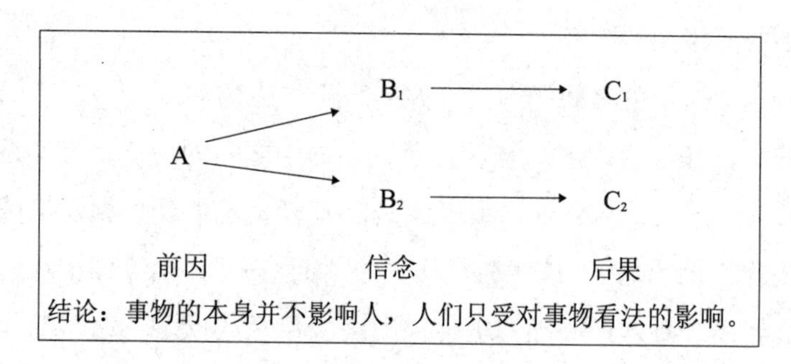

情绪 ABC 理论示意图

埃利斯认为，正是由于我们常有的一些不合理的信念才使我们产生情绪困扰。久而久之，这些不合理的信念会引起情绪障碍。情绪 ABC 理论中，A 表示诱发性事件；B 表示个体针对此诱发性事件产生的一些信念，即对这件事的一些看法、解释；C 表示产生的情绪和行为结果。

我们先看看小洁对陶渊明喝酒及其他行为的评价：“第一，他嗜酒如命，穷得连吃饭都没有钱，还要赊酒喝；第二，他完全没有家庭观念，做官只顾自己，自己不高兴了就回家，一家老小喝西北风他也不管；第三，他除了种花没有什么爱好。这样的男人，谁跟了他，除了活受罪，没有什么盼头。”

这种反应说明她对酗酒、不重视家庭和游手好闲之徒特厌恶。这就是她的信念。而这个信念的形成一定和她的人生经历有关。而在这个年龄对她的信念影响最大的就是家庭。由此，我们可以推断出她的家庭肯定有问题。于是，我们就比较容易把握学生当前的信念价值观，进而找到有效教育的途径。

方法有两个：一个是尊重学生的感受；另一个是想办法改变学生对过去经验的认识，从而丰盛学生的思想蓝图。例如，引导学生看看其父亲酗酒有没有其他原因，如可能是工作压力大、夫妻关系不好等，再用旁观者的角色理性思考父母离异的原因。这样，小洁也许会重新定义父母的离异，从而改变以前不正确的看法。当思想信念改变了以后，对事件的反应也会随之改变。再加上学生长期情感缺失，老师适时地对该生进行情感弥补，学生一定会朝着老师引导的正确的人生方向前进。

（麦　静　广州省广州市禺山高级中学）

智慧5

曲径通幽，用隐喻启迪心灵

案例呈现

“老师，他捡到钱不交公！”

伴着清脆的上课铃声，我快步走进了教室。

“报告老师，小强捡了20元钱，他不交给班长……”

“报告老师……”

“报告老师……”

“是真的吗，小强?”我有些生气，想快刀斩乱麻，早点讲课。

“是真的……”小强吞吞吐吐。

听到他的回话，我很纳闷地问：“既然是真的，为什么不交公?”

“我妈妈说要存到银行里……”

我知道这一定事出有因，肯定又是家长的那一套自私准则在作怪。短时间内是不能断案的，讲再多的道理也不会有好结果。

初始判断

作为班主任，我深知，班上的孩子来自各式各样的家庭，不同的家庭教育决定了孩子们的不同教养和行为表现，而学校教育遇到家长自设的那一套准则时，往往会败下阵来。虽然学校开设了“家长课堂”，努力寻找学校与家庭之间的教育契合点，但收效甚微。

读懂过程

学校教育是规范孩子的一个重要渠道，在学校里，孩子们学到了礼仪，学到了知识，学到了做人的方方面面。可是，他们回到各自家庭中，所接受的家庭教育千差万别：有的家庭能使学校教育再进一步，使得孩子更上一层楼；而有的家庭却让孩子在学校接受的教育有了落差，父母一些无意识的自私习惯让孩子的思想滑落下来。就像上面案例中小强的母亲，孩子捡到钱时，她忘记了做母亲的教育责任，却以攒钱的方式来表扬孩子，结果孩子失去的可能要比存到银行的这 20 元多得多……思想的差异导致家长们的行为千差万别。可是，又该怎么向家长们说明这一切呢？这是一件很难的事，毕竟各位家长是成年人，他们的思想是很难被外力改变的，做到让他们明白对错，还是需要一些技巧的。

教育之法

在上述案例的课堂上，面对孩子们的告状，我知道这件事情是家长处理方法的原因了。我左右为难：说学生吧，不好表达；说家长吧，又不合礼仪。学生们看到我的尴尬相，都大眼瞪小眼，一下子静了下来。他们不知道接下来老师会有怎样的“狂风暴雨”。可是，我沉思了片刻后，改变了话题，开始了第 13 课《钓鱼的启示》一文的学习。文中讲述的是：

在捕鱼开放日的前一天晚上，父子俩去钓鱼。儿子钓到了一条大而漂亮的鲈鱼后高兴万分，但因距离捕鱼开放时间还有两个小时，父亲要求儿子一定要把钓到的鱼放掉。儿子在极不情愿的情况下不得不照办，由此失去了自己劳动后钓到的又肥又美的鱼。然而，儿子在伤心之际，却明确了“是与非”的道德评判标准，这使他终生受益，并功成名就。

学完课文后，看到孩子们似懂非懂的神情，我忽然产生了一个令人振奋的想法：这是一个多么好的教育孩子、教育家长的机会啊！我要利用现成的“但爱鲈鱼美，更要明是非”的教育故事为学生和家长树立一杆“是与非”的道德标尺。于是，我当即布置了晚上的作业：回家后把这个故事讲给家长听，看谁讲得生动、有趣，受到家长的表扬，然后在第二天的课堂上汇报自己讲故事的过程。孩子们听到这奇特的作业，都兴致勃勃、欢呼雀跃起来。

在第二天的课堂上，我先是肯定了孩子们作业完成得很棒，然后问道：“在你们向父母讲了这个故事后，他们都有什么反应呢？老师啊，特别想知道，仔细想想，来和老师说一说，好吗？”开始，孩子们你望我，我望你，默默无言。于是，我点了班长小岩的名字，小岩怯生生地说：“妈妈说，这个故事真好，很有意义，并问是谁写的，我没回答上来……”然后他沉默了。其实这时，我心里很高兴，因为从小岩妈妈的回答中，我知道了小岩那正气、认真、诚实等优秀品质的由来。这是一位多么明智的家长啊！接着我又点了学习委员小莹的名字，小莹用那娇羞的语气向大家叙述：“我是和妈妈走在去超市的路上时，给妈妈讲的这个故事。等从超市出来时，我们发现小票上漏打了鸡蛋等好几样东西的价格。我和妈妈想到了《钓鱼的启示》这个故事，于是又回去让超市人员重打了价格……”话说到这里，我心头一震：多好的妈妈呀，为了给女儿一个正直的人生，宁愿舍弃已到手的钱财……于是，我带头给小莹的妈妈鼓起了掌，教室里掌声雷动，我的眼前也浮现出了一位高大母亲的形象。怪不得小莹同学这么诚实，这么优秀！

在掌声中，课堂的气氛轻松了下来。于是，在我的鼓励下，孩子们都开始跃跃欲试、摩拳擦掌了。小秦说："我给爸妈讲完故事后，对他们说，用桶接滴水，水表不转，不用拿钱，是不道德的。"听到这里，我顺势引导地说："同学们，你们说小秦做得棒不棒？""棒！"教室里同时响起了震耳的掌声。"那你爸妈这时是怎么说的？""妈妈说：'小孩子家，少管闲事……'"我惊呆了，这就是家长无意识的教育啊！我又问："你爸是怎么说的？""我爸说：'小秦说的对，去把水管关掉吧。'"我就此肯定了小秦爸爸的做法。这下，班内更热闹了，简直成了各抒己见的课堂，有赞许家长的，有批评家长的……

这时，我的目光落到了昨天捡钱未交的小强身上，只见他低头不语，满腹心事。待讨论声稍息，小强竟然满脸通红地来到讲台前，从兜里拿出了那张皱巴巴的20元钞票，支支吾吾地说："我妈妈听完故事后对我说，捡的这20元钱应该交公。"他边说边把钱放到了教桌上。顿时，掌声又响起来了，这是赞许的掌声。我知道，这掌声胜过多少说教啊！

课文，有如此的教育意义；作业，有如此的教育效果。从这件事中，我知道了家长对孩子的教育是万木之本，万水之源。感慨间，我把这次布置作业的过程真实地记录了下来，登在了校报上，让每位学生带一份回家，好让每位家长都能够仔细阅读、认真揣摩，也来检验一下自己道德的是与非。

在家长会上，我不仅表扬学生们的学习成绩，更表扬他们在校的表现。我把每位学生的档案记录拿出来，把孩子的一言一行、发展进步统统汇报给家长。看到家长们满意的笑容，我又把这些成绩归功于父母的教育，并且让优秀家长发言，传授他们教育孩子的切身体会。会场的气氛轻松而和谐，荡漾在家长脸上的有幸福，有愧疚，也有着急……看到他们在握手再握手，道谢再道谢中离校，我满意地笑了。

自从在孩子们、家长们心中树立起了这杆“是与非”的标尺，班里的纪律明显好多了。孩子们有了诚实的人生准则，思想更加端正，学习劲头也越来越高了。家长们的反应也从此强烈起来：有给我来电话自责的，有向我请教的，也有诉说孩子的小故事的，还有讨论家庭教育的一些妙招的……我明显地感觉到了家长们对我的尊敬与理解。现在，彼此间的信任与沟通已使我与家长、学生之间构成了一个有效的教育整体。我的班级管理也得心应手、事半功倍了。这确实是一种省时省力、收效多多的便利妙招！

方法提升

心理学研究表明，人类的意识和潜意识的力量对比悬殊。我们认为的道理只存在于左脑，仅仅占沟通影响力的10%而已，而潜意识的影响力却占到90%。所以很多时候，我们感觉一些事情很有道理，的确应该如此，却很难付诸行动或难以做到。比如，我们知道遇事应该保持冷静，但是看到对方的一些错误却总是忍不住大发雷霆。这就是为什么会产生“易知难行”的原因。

人类学家和沟通学家格里高利·贝特森认为，人类发现类似点的能力是“诱发性思维”的一个功能，这些类似点可以引领人们关注自己体验的更深层的结构，而不仅仅是表面上的不同。与“归纳性思维”和“推理性思维”不同的是，“诱发性思维”可以产生更强大的创造力。而隐喻、类比和故事就是激发这种“诱发性思维”的主要方式。因为潜意识更多的是通过图像来工作的，而隐喻、类比和故事能够在潜意识里形成一幅清晰而具体的图像，所以可以将潜意识中的能力更充分地调动起来，让隐藏于海平面以下的那部分冰山更多地浮现出来。

第一，当我们不方便直接进行批评教育的时候，可以用隐喻的方式来让对方意会。上面的案例就是隐喻的典型应用。面对家长的不当教育，我们肯定不能直接批评家长的行为，于是我巧妙地借助《钓鱼的启示》这个隐喻的方式来让对方明白怎样做才对孩子的成长更有帮助，以及贪图了眼前的小利益后会产生怎样的严重后果。当家长意识到自身问题的时候，我们担心的孩子的问题也就解决了。这比直接性批评有效得多。

第二，当有些道理很难用语言直接表达的时候，我们可以用隐喻的方式让学生意会。面对学生的问题，如果我们直接说明道理，学生的思维往往会处于对抗状态，听不进老师的说教，甚至还会因为抗拒"被改造"而与老师发生冲撞。而运用故事则不同，故事能够和学生的潜意识沟通——道理不是老师强加给他的，而是他自己感悟到的，自己得来的东西更容易接受。

例如，有一次两个女生发生了激烈的矛盾，而在向我倾诉前因后果的时候，双方都把责任推给了对方，都认为自己很有道理。作为"旁观者"，我很清楚她们对对方的行为产生了误解。如果我直接告诉她们误解了对方，就等于间接批评她们是错的，学生很难接受。于是我让她们先冷静一下，然后给你们讲了个故事。

一对年轻夫妇原本有一个非常幸福的家庭。夫妻二人出于孝心将婆婆接到家中，却因为种种猜疑而发生了致命的误会，最终导致难以挽回的遗憾。

儿媳妇看到婆婆洗碗的时候不用洗洁精，为了不伤婆婆的自尊，于是背着婆婆晚上在厨房偷偷再洗一遍，却不巧被婆婆撞上了。婆婆感到很生气，因为她认为儿媳妇嫌弃她脏。

看到儿媳妇吃早饭的时候呕吐，婆婆再次感到气愤，因为她以为儿媳妇忍受不了她做的早饭。于是，一气之下她收拾东西冲出家门，却被急速驶过的汽车撞倒，后经抢救无效去世。先生也因此和妻子的关系降到冰点，把妻子视为间接凶手。而实际情况是，媳妇呕吐是因为已经怀孕。

我讲完故事后问她们："如果从婆婆、妻子、丈夫的角度看问题，是不是他们都很有道理呢？从中你们领悟到了什么呢？我们看到的往往不是真相，猜测是人际关系的大敌。"之后学生开始冷静分析整个事情的过程，误会也得以化解。

第三，当直接讲大道理效果不好的时候，可以用隐喻的方式暗示。很多老师在教育学生的时候常常搬出一套人生的大道理，苦口婆心地教育学生却往往效果不明显，甚至还会引起学生的反感。如果借用故事等隐喻的方式进行暗示，就很容易和学生的潜意识进行链接，从而达到不教而明的效果。分享一个案例。

小娟以前的成绩很不理想，她想提高成绩，于是制订了一个宏大的学习计划，但因为四处出击，效果并不理想。她去找班主任李老师谈心，李老师没有直接跟她讲道理，而是先给她讲了一个故事。

一位青年豪情万丈地为自己树立了许多目标，可是几年后却一事无成。他去找一位智者，智者对他说："你先帮我烧些开水！"青年见墙角放着一把极大的水壶，旁边是一个小火灶，但没有柴火，于是出去找柴火。他在外面拾了一些枯枝，装满一壶水后将壶放在灶台上烧了起来。壶太大，枯枝烧尽了，水也没开。智者问他："如果没有足够的柴，你该怎样把水烧开？"青年想了一会儿，摇了摇头。智者说："不如把里面的水倒掉一些！"青年若有所思。智者说："你踌躇满志，树立了太多目标，就像大水壶装了太多的水一样，而你又没有足够的柴。"青年恍然大悟。

李老师问小娟：“你恍然大悟了没有呢？不要想一口吃成个胖子，先设定小目标，一个一个地实现。”小娟豁然开朗。

俗话说，贪多嚼不烂，如果目标过于庞大，往往老虎咬天——无从下口，最后焦头烂额，什么都实现不了。为了说清这个道理，李老师用一个透彻的哲理故事作前导，非常形象直观地说明了道理，让小娟了解了自己学习计划的症结所在。哲理透彻，方法明确，才更具有指导意义。

（潘学娥　山东省昌乐县北关小学）

智慧6

妙用接纳沟通法，打开孩子的心门

案例呈现

你是降落在人间的精灵

高考在即，学生安全更加重要，尤其是女生，夜间外出很是危险。于是学校加强晚寝纪律检查，检查是否缺人，但仍有个别大胆的小女生，晚上偷偷跑出去上网，甚至和男孩子独处。抓住这样的女孩，学校总是通知家长，让家长带回去教育，直至开除，并且班级量化狠扣分，给班主任施加压力。

小雪，晚上没在宿舍，我记下了她的名字。

第二天早晨，一个很清秀的女孩在办公室门口等着我，她细声说她就是我昨晚查到的小雪。小雪站在我面前，垂着头，很温顺的样子，显得楚楚可怜。我很难想象这样一个女孩，就是那些频频夜出违纪的孩子中的一个。

我故意不看她。“老师，我昨天在文的宿舍住了，没出去。”她在辩解。文是她一个要好的女同学。但她眼神游离，双手不安地交叉，还下意识地扯自己额前的头发，我感觉到她在撒谎。我直视她，好久没有说话。她看起来有些慌乱。我很严肃地问：“看起来，你是这样一个温文尔雅的女孩子。老师感到很惋惜，你夜间出去已经违纪，但老师不希望你再撒谎。你真的住在文的宿舍了？你希望老师去问文吗？如果你撒谎了，你想老师怎么处理这件事？”我边说边观察她的表情。“我……”她犹豫了。我心里更加坚定了自己的判断，她真的在撒谎。为了查明真假，我去问了文，一开始文说小雪真的跟她住了一晚。于是我跟她讲明利害：“你以为你在帮她吗？其实是在害她。也许她这是第一次夜间外出，被我查到了，她从此以后就不出去了，但如果你帮她隐瞒，她侥幸逃过了这次，也许从此就滑入了深渊。你真的把她当好朋友吗？”文说了实话。

“小雪，你撒谎可能有你的苦衷，你现在心里一定很不好受，你愿意和老师说说吗？”小雪开始哭，大颗大颗的泪珠从眼眶里滚了出来。

“老师我错了，我不该骗您，我晚上出去上网了，和一个男生。”她只承认和男生一起去上网，其他不再说。我尽管怀疑，但也只能选择相信，我不想把一个孩子仅剩的一点自尊撕掉。

读懂过程

处理问题时，我们要善于观察分析学生的微表情，讲究问话的技巧，尊重学生的人格，不打击讽刺，使她愿意说出事情的真相。而真相大白后，我们不能坦白从严，翻脸无情。每件事情的发生都是有原因的，我们要善于探究，找出问题的症结。

“老师，别让家长来好吗？”她哭得很痛心。我告诉她为什么要叫家长：是让家长和班主任一起做好教育工作，因为有些事情，学生不想跟老师说，也许会和家长说，家校合作，更容易找到问题的症结，帮助学生改正错误，健康成长。她哭得更厉害了，我只能问她为什么不希望家长来。

她哽咽着给我讲述了一个被遗弃的女孩的故事。她父母有两个女儿，她在家里排行老二。她姐姐出生后，她伯父就开始欺负她父母——农村仍有落后思想，没有男孩就意味着绝后。有了她，又是个姑娘，她伯父更猖獗了，整天骂她们一家。她父亲恼得厉害，一定要生个儿子撑门面，但计划生育政策规定，已经有两个女孩的不能再生育子女。于是，她父亲就准备在她不到两岁时将其送人。姥姥可怜她，强留下了她，从此她跟姥姥过，管亲妈亲爸叫姨妈姨父。直到 12 岁，她还以为自己没有爸爸妈妈。后来，她终于有了弟弟，姥姥也年纪大了，父母就把她接回了家。她很震惊，很愤怒，无法接受父母的遗弃，从此像刺头一样，处处和父亲作对。父母也觉得亏欠了她，便百般迁就她，可她却愈发恼恨，故意气他们。但每次过后，她都很自责。本来她的学习成绩很好，就是因为父亲说喜欢她的聪明，以她的成绩为骄傲，她就故意不学了，成绩一落千丈，考高中时也是勉强考上。父母问她成绩，她都是爱搭不理的。

三年高中过得真的很快，转眼快高考了，她忽然很想提高成绩，可由于欠账太多，虽然很努力了，但成绩提升总是不明显，她很烦闷，于是出去上网了……如果父亲知道了，会打她，会很讨厌她。她内心里还是很希望得到父母的爱的。这是一个渴望爱又爱恨交加的孩子。看着她伤心地哭，我的心很疼，眼睛也酸酸的……

教育之方

一、心态分析

小雪小时候被遗弃，爱的缺失让她对父母产生了怨恨，并进一步用极端的行为来报复父母，故意和父母对着干，同时寻求外界的温暖，步入早恋。但因自小离家缺乏安全感，敏感，自尊，她不想让父母知道，生怕他们会看不起自己，所以很抵触老师通知家长。这样一个心理极不平衡的孩子是无法轻松淡然地投入学习的。若我们只是简单地处理，让她回家反省，而家长又不理解，只是训斥一顿，孩子则会更加恼怒。这根本解决不了她的问题，她也许还变本加厉。父母呢，年轻的时候为了解一时之气，一心要儿子，狠心把女儿送出去，当时也没有想到后来孩子会这样，所以很后悔，觉得对不起孩子，好衣服紧着她穿，好吃的留给她吃，对她尽量迁就，但仍换不来孩子的谅解，心里也有委屈。于是，双方冲突不断。久而久之，父母也有了抓住孩子把柄将其“制服”的想法。

二、解决之道

1. 暂缓处理，促其思考。这样的事件，按学校规定就是通知家长，但这样的孩子，我能简单地让家长将其领走吗？看着她的泪水，我相信她说的是真的，我深深地理解了一个孩子的叛逆，我决定不立即处理，给自己时间调查，也给她反思的机会。

2. 了解情况，客观评价。从班主任那里我了解到这个孩子有恋爱倾向，但在班里没违反过纪律，从不大声说话，没有和同学发生过矛盾，学习也在中游，高一、高二还是十几名的学生。

3. 与家长沟通，促使双方冰释前嫌。我拨通了家长的电话，是她母亲接的。听了我的描述，她母亲哭得一塌糊涂，直说这个二妮倔强，说她不听，说多了，还和他们犟嘴，而且动不动就拿遗弃说事，而他们自知理亏，自然迁就，但迁就并不能换来她的谅解。当天，她父母来到了学校，我们就孩子的情况谈了很多，客观分析了孩子出现问题的原因和挽救的可能性。家长也很自责，逐渐理解了孩子的叛逆和对抗行为。

4. 接纳孩子的行为习惯。学校没有让家长把学生领走，却让家长在学校里陪她一天，以实现父女母女的尽情沟通。于是父母开始试着理解孩子的所思所想、习惯、情绪，还有她这个人——充满了优点和缺点的矛盾体。

5. 换位思考，促其自省，理解父母。我利用角色扮演的形式让小雪试着从风俗、习惯、传统等方面看待父母的行为。而且她跟着姥姥，也是备受宠爱。父母接她回家后，也有着种种补救行为。回忆父母感动她的事件和场景，让她理解了父母的无奈、歉疚和爱心。我们又进行了推心置腹的谈话："雪，灵动而纯洁，你的父母在生你时一定也充满了对你的爱恋。你要试着理解父母的无奈，学会爱父母，而不是用固执和愤恨来武装自己，违心地折磨他们！什么才是对父母'最好的惩罚'？那就是加倍爱他们，做得比谁都优秀，让他们庆幸没有丢了你！"

6. 合理惩罚，培养责任意识。我与她的班主任交换了意见，我们想挽救一个孩子，想让她成为人世间洁白的精灵，但违反了学校纪律，就要受到惩罚，于是我们让她利用课外活动时间办一版宣传栏、参加校园义务劳动等为班级争光，并让她写下反思保证书。为了促使她早日自律，班主任明确告诉她，每天都有人监督她的住宿情况。

7. 跟踪辅导，及时鼓励。"我相信你是有理想和抱负的。小雪，你自己一定能管住自己，你就是那飘飘洒洒的雪，是降落人间的精灵，是来净化这个世界的。我愿意做你的朋友，如果你信任我……"听了我的话，她哭着点头。

我们谈了很久，我感觉到孩子内心里的冰在悄悄地融化，也许彻底消融还需要些日子，但春天已经来了……

小雪当年考入了一所专科学校。开学临走时，她来看我，久久地站在我面前无语，眼里是泪。她对我说："老师，感谢你对我的尊重和爱，你没有看不起我。高中三年，都抵不过认识您，与您相识相知！"这句话让我感动了好久，每每想起眼睛都是热热的。

方法提升

每个孩子都是降落人间的精灵，纯洁又善良。他们出现各种各样的问题，都有一定的原因，或来自家庭，或来自社会，或来自自身。每个孩子都是天使，只是在飞翔的过程中，有的孩子的翅膀蒙尘了，折断了。我们就是那为他们拂去翅膀上的灰尘，为他们修复翅膀的机械师。关键是在“拂”和“修”的过程中抓住重点，针对差异，寻找打开孩子心门的钥匙，努力走进他们的心里，找到问题的症结，有针对性地实施教育，以达到育人的效果。

而走进学生的心里往往从接纳开始。心理学研究表明，当一个人难过或者受到伤害的时候，最不想听到的就是建议、大道理、心理分析或者别人的看法，这只能让他感觉更差。过分同情会让当事人觉得自己太可怜，提问为什么会让当事人产生防范心理，而让当事人感到激怒的就是他的感受被否定，被认为是毫无道理的。所以，在没有完全平复学生的情绪之前，老师千万不要着急用所谓的道理来说服对方，这个时候讲大道理越多，越容易激发学生内心的不愉快，甚至是反感。而接纳了学生的情绪，就会让学生感觉老师愿意倾听他的诉说，认同他的感受。当学生说出他的困扰的时候，他内心里就不会那么郁闷和困惑了，也就能更好地处理自己的情绪和面临的问题了。我们可以用这样一些语言来认可学生的情绪：“你看起来很生气。”“对你来说，一定很失望。”“我知道你也不希望这样。”“考成这样你一定很难过。”“你当时一定非常生气。”……这些语言是对学生情绪发泄的一种接纳、理解和安慰，能帮助学生将情绪释放出来，从而更理性地对待问题。然后再引导学生如何正确地处理问题。当学生的情绪得到接纳的时候，学生的思维就会逐渐趋于理性，他自己也会找到解决问题的方法。

在教育学生的过程中，千万不要轻易否定学生的感受。如果老师拒绝学生的感受，学生同样也会拒绝老师好的建议，然后双方的交流会演变成各执一词的争吵。这样的现象有很多，我就不举例了。常见的拒绝学生情绪的语言有："你没必要那么难过。""你这样很可笑的。""你没必要生气。"……

接纳学生的情绪离不开老师的倾听。老师在倾听的过程中要全神贯注，不要左顾右盼，接打手机等，但也不能让学生独白，应该根据学生的叙述作出恰当的回应，从而让学生产生一种被尊重的感觉。回应的最好方式就是在学生叙述时保持专注的神态，表达共情，不断地用"哦""嗯""这样啊""我能理解"等来回应他们的感受，关键的时候还可以复述对方的重点词句，说出他们具体的感受，将自己的理解回应给对方。

学会倾听有很多好处。第一，倾听会让对方产生自己受重视的感觉；其次，通过倾听能够发现对方的问题和需求，找到问题的核心所在；第三，倾听能够让对方更愿意接受建议，从而达到良好的沟通效果。

接纳是以理解为基础的，只有真正地理解、关爱学生才能做到接纳，使师生沟通达到最佳的效果，从而开启学生的心门。

（牛胜荣　山东省定陶县第二中学）

智慧7

学会选择性关注，引导孩子健康成长

案例呈现

面对他的疯狂

那年，我刚接任了三年级的一个班。一天语文课上，孩子们都在积极地背诵课文。突然，我发现小乐狠狠地向地下踹去。我顿生疑惑，走过去查看究竟。“小颖打我!”小乐愤愤地说道。可是同桌说，是小乐先打了她。小乐一听马上争辩道：“她拿我的钢笔。”

看来，这“官司”还有点复杂。我对小乐说：“你看，你是男子汉大丈夫，怎能跟女同学计较?”本想这时小乐会有些羞愧，没想到他更生气了：“我就是要打她!”说着他向小颖猛踹过去，并举起了凳子。我一看，顿时急了。“你怎么能这样?”我边责问小乐，边夺下了凳子。更让我吃惊的是，小乐把怒气转向了我，他拿着钢笔向我扎来：“我扎死你，我扎死你!”看着眼前这位发狂的男孩，我感到诧异。“你干什么!”我本想厉声震住他，但小乐不但没有收敛，而且愈演愈烈，一边用钢笔扎向我，一边咬着我的手。

看着被扎得一塌糊涂的白裤子，再看看流血不止的手指，我气不打一处来。“这孩子怎能这样?是不是心理有问题?”我走出教室，给小乐妈妈打了电话，请她来学校一趟。我回到班上时，发现小乐有些手足无措。我决定让他到办公室去，和他谈谈。“走，到我办公室去。”我极力将语气放得平和些。“老师，我错了……”小乐哀求地望着我。“我知道，但这里不是解决问题的地方。”看着我不容置疑的神态，小乐的举动再次让我惊异。“我不要了，还不行吗?”他拿起作业本，撕了起来。顷刻间，本子就被他撕得粉碎。望着被他撕得粉碎的本子，我的怒气顿时升起。“看看你还能撕什么，都撕了!”我厉声说道，并把他的数学书递给他。但小乐没有接书，说道：“老师，我真的错了，你给我一次机会吧!”“老师给你机会，上办公室去。”小乐乖乖地跟我到了办公室。

望着眼前的这位小男孩，我怎么也不敢相信，这就是刚刚那位扎我、咬我的小乐。“说说看，老师今天有没有错?”“没有!”“那是谁的错?”“我的错!”对于我的问题，小乐一一回答。我感到他已彻底认识到错误。这时，小乐妈妈急匆匆地赶来了。意想不到的是，面对他妈妈，小乐的语气有了180°的大转弯，竟然理直气壮地指责我，并且踢了我一脚，接着又要拿东西砸我，还大声叫喊着：“你不该拦我!”荒唐，简直是荒唐，这就是他要扎我、咬我的理由!

小乐还在发狂着，他妈妈用力拦着他，可是他使劲拽着妈妈的头发以示抗议!小乐疯狂的脸，小乐妈妈那满含热泪而又充满期盼的眼神，让我不知所措。小乐妈妈对我说：“老师，他现在已经控制不了自己了，你先离开这里吧!”为了使自己不再陷入尴尬，我只能暂时离开了办公室，身后还不断传来他们母子俩厮打的声音。

初始判断

晚饭时，小乐妈妈来到我家。“老师，真对不起!”小乐妈妈一脸歉意。同为母亲，我能够体会她的心情，难道是母亲的错吗？天下哪个母亲不希望自己的孩子健康、快乐？

“你们有没有想过孩子为什么会这样？是家长过于娇惯他吗？”我问道。

小乐妈妈和我叙说起孩子的成长经历：小乐小时候一直跟着姥姥、姥爷生活。姥姥常年有病，姥爷脾气不太好，但他们对小外孙的要求却一味迁就，久而久之，孩子有了任性、易发脾气的毛病。孩子上一年级后，父母才意识到问题的严重性。为了改掉孩子的毛病，他们毅然给孩子转了学。不管工作有多忙，他们都坚持自己带孩子。但小乐依然很任性，发起脾气来经常会闹得天翻地覆，父母也常常不知所措……

“这孩子可能有心理问题，最好还是请专业医生看看……”听我这么说，小乐妈妈哭得更厉害了。我知道谁都不愿意面对此事，但为查找原因，对症下药，我只能坚持说下去：“我建议你尽快带孩子看看医生，查找病因，否则会害孩子一生。”听了我的话，小乐妈妈一个劲地点头。我不忍再说什么，她的眼泪已经蕴含了很多语言……

“改变孩子的现状需要一个过程，但不管怎样，一定要面对现实。”我一边安慰着，一边送走了小乐妈妈。第二天小乐没来上课，我知道孩子的心理有压力，给他一点时间梳理吧！第三天，他按时来上学了，对那件事，我只字未提。

读懂过程

在与小乐的接触中，我发现他看我的眼神总是躲躲闪闪的，我知道他心里有解不开的心结。和小乐妈妈多次沟通，她也表示很无奈。我知道这位母亲最大的愿望就是让孩子能够早日投身到集体中，我又何尝不是？尽管我一直都在尝试，在努力，然而小乐跟我的距离总是很远。

因为特殊情况，一天中午学校便放了学，我和小乐一起出了校门。想到小乐的爸爸、妈妈比较忙，我想让他到我家吃午饭。可是面对我的热情邀请，这小家伙并不领情。“我到爸爸那儿去。”他言语中透着寒气，然后扬长而去。

他冷漠的话语，让我心寒，热情瞬间被浇灭。望着他的背影，我陷入沉思。小乐妈妈期待的目光不断浮现在我眼前，作为班主任，我深深懂得小乐父母对我的期待，也深知为人师表的责任。可是在过去的一个多月里，不管我怎么关注，怎么努力，都不能走进他的心灵，孩子的转化教育一点起色也没有。

当晚我来到小乐家，小家伙感到很惊讶。片刻的局促之后，他对我也开始比较热情起来。那天晚上我们谈了很多，小家伙的心情开朗多了。看着孩子的笑容，我感觉阳光已经开始照进他的心里了，我开始期待他的转变。

教育之方

一、冷落他的任性

那几天里，小乐和我的距离渐渐拉近了些。在我的引导下，他和小朋友的交谈也多了，但课堂状态仍不尽如人意，作业写得也乱糟糟的。

一日，我找到了小乐，要求他把作业重写一下。没想到的是，小乐不但没有重写，而且第二天，又不来上学了，理由是老师总找他麻烦，并且发誓以后再也不上学了！

看到小乐如此抵触，我决定采取另一种方式和小乐交谈——为他写一封信。信中我这样写道：“小乐，你是一个幸运的孩子，爸爸、妈妈很爱你，老师也很关心你。可是你的表现很令我们失望。至于明天上不上学，你自己决定。如果你不来的话，你的座位我不会给你一直保留的，另外你最喜欢的微机课代表的职位，我也不会为你保留的……”

写完了信，我让他爸爸转交给他。以往小乐在耍小性子时，爸爸、妈妈总是先说服教育，后无奈迁就。这一次，我建议他们采用“冷处理”的教育方式。没想到，这招还真灵验了！

晚上，爸爸、妈妈谁也没有理小乐，爸爸则把我的信递给了他，让他自己看。这小家伙看到父母冷冰冰的样子，有些纳闷，更有些胆怯，显得乖多了。爸爸问他：“看懂了吗？”小乐不答。“好了，你应该知道自己明天怎么做了。”爸爸说完，走开了。

第二天，小乐来上学了。他爸爸打来电话说：“谢谢您，于老师，您这招真灵！”

教育孩子是一门大学问，小乐“恶劣”行为的目的是引起关注，家长的忽略使他的目的落空。对于以自我为中心的孩子，应关注其积极行为，有意忽视其不当行为！

二、在生活中体验

时间过得真快，转眼间一学年过去了，小乐各方面的变化，让我欣慰。可小乐妈妈面对漫长的暑假犯了愁。她想让小乐参加游泳班，可他不同意。妈妈面对倔强的儿子无计可施，只好向我求助。

暑假的第二天傍晚，小乐和妈妈来到了我家，我决定做个“说客”。“小乐，暑假参加游泳班怎么样？”我试探着问他。“我不想参加。”小乐面无表情地说。“作为一个男子汉，连游泳都不会，那怎么行？”我想用激将法激他，可没想到小家伙不吃这一套，一脸漠然：“反正我不想学。”我一看这招不管用，于是决定拿出第二套方案——动用我儿子的力量。

看到小乐和我儿子玩得不亦乐乎，我说："小乐，明天和哥哥一起去游泳怎么样？"玩得尽兴的小乐不假思索地回答"行"。小乐妈妈一脸的激动。"那君子一言——"我马上趁热打铁。"驷马难追。"小乐主动和我拉起了钩钩。

一切还算顺利，第二天上午小乐来到我家，和我儿子去游泳了。看到小乐越来越喜欢游泳，我知道时机已经成熟了。我建议小乐参加游泳班，小乐答应了。

看到小乐每天快乐地去游泳，他爸妈很开心。

好景不长，小乐学了几天游泳，兴趣明显减了不少，接连两天又不见了他的踪影——小家伙又逃课了，谎称身体不舒服。

到了第三天，小乐在妈妈的押送下，又来到了我家。一看到小乐，想到一直以来为他倾注的心血，我不禁有些懊恼："这几天去哪儿了？""没去哪儿！"面对我的质问，小家伙一副满不在乎的样子，语气还挺硬的。妈妈让他向我道歉，他却一边大声喊着"不，我不"，一边向门外走去。更没想到的是，就在小乐妈妈坚持让他向我道歉时，小乐折回来打了我一下，并口吐脏话。

看着又有些发狂的小乐，看着手足无措的小乐妈妈，再联想到上学年小乐的那次发作，我突然找到了症结所在。于是，我告诉小乐妈妈放心上班，剩下的事情交给我。看到妈妈离开了我家，小乐的眼神开始流露出慌乱。我更坚定了自己的判断：小乐是把妈妈作为攻击我的靠山，家长的无奈纵容，是孩子任性妄为的原因。

我一把拽过小乐，把他拖进卫生间，心想在较小的空间里容易掌控他。挣扎中，他的书包一下子掉进了水池里。这可出乎我预料，但我马上平静下来，命令小乐马上捡起来。我发现书包里装着两本他从图书馆借来的书，已经浸湿了。此时小乐已经开始向我妥协了："老师，你让我妈回来，我道歉。""不用，今天不是妈妈的错。”我的态度很坚决。“老师，我错了。”小乐改口道。

“该不该这样对待老师?”“不该!”“一个人犯了错误，就应该承担责任，说说看，该怎么办?”“老师，我错了!”小乐盯着我说。此时的他没有了妈妈在时的有恃无恐，开始平静下来反省自己的错误。

“光道歉还不行，损坏书籍，是要罚款的，该怎么还债?”虽然我知道损坏书籍，图书馆要罚款，但是他们会视损坏的不同程度进行罚款。“谎言也美丽。”我突然想到了这句话。不管将来图书馆会怎么处理书籍，今天我要好好地利用这个教育契机。

“损坏一本书就要罚款15元，两本书要罚款30元。你说该怎么办?”“这……”小乐面露难色。前段时间曾建议小乐和我儿子一起卖报，而小乐没答应。此时看到他为难的神情，我心想何不趁机逼他立下“军令状”呢?这样既可以偿还欠款，让他勇于承担责任，还能让社会这个大课堂来磨炼他。“行了，我给你个建议，明天开始卖报，每天卖10份报纸，一天挣两元钱，卖上15天。”“行!”小乐爽快地答应。“卖报的本钱自己向爸爸借。”我拿来了笔和纸，小乐写下了借条。

今借爸爸人民币60元，用作卖报的本钱，从明天起开始每天卖报10份，卖报所挣的钱用于偿还图书馆损坏书籍的罚款。

借款人：小乐

2007年7月25日

为了防止小乐反悔，我特意让他写了三份，我、小乐爸爸、小乐每人一份。事后，我又和他父母取得联系，恳切交谈，指出孩子任性妄为的症结应该源自家庭成员的忍让和溺爱，要求他们配合我，改变自己的家庭教育观念，并放手让孩子接受锻炼，增强孩子的责任感。

7月26日，小乐踏上了卖报旅程。卖报对他来说，是一个不小的挑战。拿到报纸的小乐面露难色，一个人走在街头显得很孤单。我鼓励小乐卖报不要怕碰壁，大胆地上前询问，并且要善于动脑筋，观察应向哪些人推销。在我的指导下，小乐一会就儿卖出了3份报。“老师，我知道了卖报怎么看准人，要找那些打扮挺文明的人，这样的人比较愿意买报……”小乐高兴地向我讲述着。

有了成功的体验，小乐手中的报纸很快就卖完了，他脸上露出了无以言表的快乐。在接下来的日子里，小乐卖报的热情还算高涨，偶尔也会闹点小情绪，想打退堂鼓。但是每当提起那张借条，他就不再言语了，继续踏上卖报的旅程。

转眼间，为期15天的卖报生活结束了。出乎我意料的是，小乐又提出再卖5天报。从小乐日渐成熟的脸上，我感受到这次卖报生活真正磨炼了他。

20天的暑假卖报生活，让小乐收获多多。他不但向爸爸偿还了借款，而且还挣了38元钱。图书馆的书，因为小乐爸爸整理得不错，基本上看不出损坏，没有被罚款。但这个美丽的谎言我至今守口如瓶，我觉得这已经不重要了，我们的教育已达到了预期的效果。

方法提升

现代心理学研究表明，关注什么就会得到什么。当我们关注学生的优点时，优点就会得到发扬；当我们关注学生的缺点时，缺点就会得到强化，甚至会慢慢变成学生的不良品格。因此，老师要注意自己的选择性关注，让学生在我们的关注中健康成长。

选择性关注，关注积极的方面，忽略消极的方面，事情就会朝着积极的结果发展。曾有一个著名的心理实验。

心理学家在一个小学的班里做心理测量，最后得出结论：这个班上有两名很有天赋的学生。虽然这两名学生在班里都是后进生，但老师对专家的话坚信不疑，从此对这两名学生格外关注，结果这两名学生最后都考上了当地最好的重点中学。后来心理学家公布了实验结果：其实，根本没有什么有天赋的学生，只是随便找了两名学生，但是由于老师的关注，而且是一种积极和信任的关注，这两名后进生最后都变成了“有天赋的孩子”。

这是一个选择性关注的实验。老师相信了心理学家的话，带着“有天赋、值得培养”的眼光积极关注那两名后进生：他们所有不符合“有天赋”的表现和行为，都被老师无意识地忽略了；而他们哪怕一点点“有天赋”的迹象和表现，老师都会敏锐地捕捉到和放大，并不断鼓励他们。最后的结果是，那两名后进生被忽略的行为越来越少，而被关注、被鼓励、被肯定的行为越来越多，他们学习成绩不断上升，显得真的很有“天赋”。这越来越让老师印证了心理学家的测量结论。

一、对学生的不良行为可以采取忽视的态度

在家庭教育中，关注孩子不良行为的情况特别常见。例如，父母总是揪着孩子的一些小毛病，整天喋喋不休，对孩子的努力和优点视而不见，总是关注孩子消极的方面，而看不到孩子进步和积极的方面，最后弄得孩子信心丧失，父母也越来越印证了自己选择性关注的结果：我的孩子很差劲！

案例中，学生的任性已经在家庭中形成，甚至成了学生的自我评价，好像不任性不足以证明自己。而我面对学生的任性行为采取了冷落的做法，并用书信的方式提醒学生其实他拥有很多，如父母的爱、老师的关心等，然后用尊重的方式把选择权交给学生，不给他任性的机会，提醒他如果不来上课可能会失去微机课代表的职位。这样就把学生的注意力引到自己拥有的和可能失去的上，使其不再陷入任性的坚持中。

二、调整关注方向，让学生在体验中学习

孩子的成长在不同的时期有不同的特点。0 ~ 7 岁是印记期，这个时候孩子还不能区分是非对错，各种信息都会印记在其大脑的神经元中，对他的思想造成混乱，使其产生“我没有用”的无价值感。8 ~ 12 岁是模仿期，这个时候身边人的行为很容易被孩子模仿。案例中小乐的暴躁很显然是受到了外公的影响，在孩子的心目中，发脾气可以解决很多问题。

每个孩子在成长的过程中都有被关注的需要，当他们的一个行为引起了家长的关注之后，该行为往往会重复发生。例如，朋友的一个孩子，最近经常骗妈妈说身体不舒服，然后逃避上学。后来朋友的孩子说是因为感觉她妈妈对她关心不够，想要用这样的方法引起妈妈的注意。她每次撒谎说身体不舒服，无法上学的时候，妈妈都会很关心她。她很享受这份关心，所以就不断撒谎。因此对孩子的行为要有选择地关注。案例中，我的关注点从“问题”转向了“成长”，思考点也变成了怎样做才能帮助学生成长。于是我利用假期让学生增强体验。让孩子在体验中成长，就是积极关注的具体做法。

另外，要强化学生的行为感受，改变其对事物的认知。行为主义认为一个习得行为如果得以持续，一定是为它的结果所强化。如果要建立或者保持某种行为，就必须对其施加强化。所以我们要以阳性强化为主，及时奖励正常行为，漠视或淡化异常行为。案例中的小乐性格内向，很少参与社会活动，不愿意与人交往，必然造成孤僻的性格。让他参加游泳、卖报等活动，就是想让他能够踏入社会。对孩子的积极表现，我们要关注、鼓励，即使暂时不尽如人意，也完全可以忽视。孩子会在我们的阳行强化下，慢慢变得自信，绽放出自己的精彩，不尽如人意的方面也会

慢慢消失。快乐、健康、阳光是现今儿童最应该具有的状态，当这种状态内化为他成长的动力时，孩子的认知必然发生改变，他就会像我们预期的那样健康成长。

总之，我们的选择决定了处理的结果，当我们怀着爱的动机来教育孩子的时候，请静下心来问问自己："我的关注点选对了没有？"

（于　青　山东省威海市大光华国际学校）

智慧8

巧用标签，矫正学生的不良行为

案例呈现

神秘“小偷”变形记

小明的父母是地地道道的农民，他父亲在外边打工，很少回来，母亲整日家里地里地忙碌，对孩子管教少，交流更少。小明一周的生活费是10元，一般是从家里带饭，生活十分艰苦。

可有段时间，小明花钱比较大方，经常买零食，有时还请客。我顿感蹊跷，暗中观察和了解，也没有发现什么异常。纳闷之余，我把困惑放到心里，找小明谈心，叮嘱他要体谅父母，注意节约，要把心思放在学习上。

初始判断

那天课间，我坐在小明的位子上和学生聊天，无意中发现一个比较精美的笔记本，扉页上赫然写着几个字：侦探小说。我好奇地翻看了一下，不禁大吃一惊。我心里揣测，难道是写的他自己？他觉得自己做得天衣无缝，值得炫耀，但又鉴于不便宣扬的缘故，于是写成了一个小说？我不想这是事实，期盼它只是个虚构的故事。带着揣测，我放下本子，不动声色地离开了。

根据自己的推测，我先到学校的小卖部询问老大爷，问他是不是经常丢东西或丢钱，他说拿不准，只是近一段时间晚上清算账目时好像钱数不大对，总是差几元钱，并觉得可能是自己年龄大了，有时候算错账目。我的思路慢慢清晰起来：不妨根据了解的实际情况，假定推测是存在的，采取“攻心”战术，出其不意，让小明震惊，“不打自招”。

读懂过程

课外活动时间，我叫住在操场上的小明，陪他一起慢跑，谈他感兴趣的篮球，他愉快地跟我交流打篮球的技巧、喜欢的球星等。我接过话茬，笑着说：“我也给你讲一个故事，你要认真听，听完后要说说自己的感想。”他有些疑惑地看着我。我说：“有个学生，很想买零食吃，手头又没钱，咋办？他多次热心地陪同学到学校小卖部买东西，自己过过眼瘾，有时候蹭一点儿吃。时间一长，聪明的他发现了个秘密：小卖部门上的锁是小卖部自己卖的那种，并且平时小卖部的锁都是挂在门把上！于是，他想到了一个办法：他先到小卖部买了一把锁，出来时，偷着把锁‘掉包’，也就是把买的锁和小卖部门上的锁换了。晚上他借故离开宿舍，进小卖部易如反掌。拿了钱或物品之后，他再把小卖部的锁换上，做得神不知鬼不觉，可谓天衣无缝。不过他还比较仁慈，每一次至多拿个十元八元的，拿零食也只拿三四种，很长时间都没人发现……”我还没说完，他脸色就变了。我故意问：“身体不舒服，还是有什么事？”

他带着哭腔说：“老师，您怎么知道？我，我……”看着他面红耳赤、惶恐不安的样子，我提醒他说：“你是禁不住诱惑犯了错，我不想把事情闹大，只是想给你改正的机会。”他嗫嚅着承认错误，断断续续地说着自己的所作所为。

说完自己的错误，接下来他的第一个反应是，害怕同学们知道，害怕被学校开除，害怕父母也跟着丢人现眼。我深知，这时候老师表现得大度一些，让他从内心深处认识到错误，并且承担一些责任，主动改正，比训斥他，把事情闹大，让同学知道他的错误，效果要好很多。

我故意说："看你的表现了，只要改正了，可以不让同学们知道，你思考一下解决的方法。"

他问我："老师，我现在有些蒙，我该怎么做?"我严肃地说："男子汉要敢于担当，事情既然是你做的，你就该认真思考改正的办法。"说完，我离开了。

我始终没提到"小偷"之类的字眼。因为我深知，一旦给他贴上了"小偷"的标签，就会给他留下难以愈合的伤口，甚至影响他的一生。

大约半个小时后，他来找我，说："老师，我还上钱，以后帮老大爷打扫卫生，做好人好事，如果再犯，你怎么处理都行，可以吗?"

我说："这个办法可行。可是父母的钱也不容易，你家里也不富裕，这会给父母增加不少经济负担。下面我和你先算一笔账：算一算从出生到现在，父母为你付出了多少钱，再计算你要多长时间才能偿还完。"

具体算法：自己的年龄×365 天×每一天的生活费（大约每天6 元）+幼儿园的学费+小学的学费+初中的学费+每一年衣服的费用+零花钱+生病的费用等。算出来后，他低下了头，默不作声了。

我这样做的目的，一是算出经济账，触动学生的心灵；二是算出感情账，让他感觉愧对父母的爱，增强节约的自觉性，感恩父母，自觉约束自己的行为，走积极向上的路。

我接着说：“你看这样行不行：这一百多元钱半年还清，从你的生活费中扣除，一周扣3元，等凑够了我替你一块还上（目的是让他每周都提醒自己，内心受到教育，不断反省自己）；然后，你利用在校的时间拾班级的废纸或者学校的废纸，用卖废纸的钱来补足生活费；并且从今天开始，帮助老大爷打扫卫生，义务劳动（目的是让他看看老大爷的艰辛生活，受到内心的震撼）。”他同意这样做。

我把他领到小卖部，说：“大爷，这是我们班思想很优秀的学生，很想做好人好事，他想帮助你干点力所能及的事，自己不好意思来。”老大爷高兴得不得了，表扬他的思想好，助人为乐。他很不好意思地低下了头。

我知道如果离开家长的配合教育，老师孤独的教育犹如无源之水、无本之木，只有家校和谐统一了，孩子才会向健康快乐的方向发展。为了更好地教育小明，让他对自己犯的错误负责，我骑车来到他家，把事情简单地介绍了一下。与他母亲沟通以后，我提出了几项要求：1. 为了孩子的名声，不能让任何人知道，父母也装作不知，但要多观察孩子的变化，及时和我联系；2. 不要多给孩子生活费；3. 以后多和孩子沟通，多看到孩子的长处，多表扬鼓励他；4. 孩子能做的家务、农活，让孩子做一些。家长满口应允。

事情进行得很顺利，他努力地做好人好事，一个星期卖废纸能赚6元钱左右，小卖部的大爷对他也赞不绝口。只是有时候他看到我时有点不自然，我当作什么事情也没发生，并给他写了一封信：“作为班主任，我为你感到骄傲，因为你终于战胜了你自己，你顽强的意志力让所有人都刮目相看。我坚信，这个坎你都能迈过去了，还有什么能难倒你呢?”后来他变得自然了。对于他的优点，我及时表扬鼓励，并关心、爱护他，不戴有色眼镜看他。后来，他变得越来越自信，脸上总是挂满灿烂的笑容。

方法提升

美国心理学家贝科尔认为：“人们一旦被贴上某种标签，就会成为标签所标定的人。”第二次世界大战期间，美国心理学家在招募的一批行为不良、纪律散漫、不听指挥的新士兵中做了一下实验：让他们每人每月向家人写一封说自己在前线如何遵守纪律、听从指挥、奋勇杀敌、立功受奖等内容的信。结果，半年后这些士兵发生了很大的变化，他们真的像信上所说的那样去努力了。这种现象在心理学上被称为标签效应。

心理学家认为，之所以会出现标签效应，主要是因为标签具有定性导向的作用，无论是“好”是“坏”，它对一个人的“个性意识的自我认同”都有强烈的影响作用。给一个人贴标签的结果，往往是使其向标签所喻示的方向发展。

一个人被别人下了某种结论，就像商品被贴上了某种标签。上面的实验说明，当一个人被贴上标签时，他自己就会进行印象管理，使自己的行为与所贴的标签内容相一致。由此推之，当一个孩子老被家长说成笨孩子，他肯定会对自己的能力产生怀疑，进而对自己失去信心；当一位学生被老师认为某些方面能力不行，他肯定会对自己那些方面的能力产生怀疑，进而对自己失去信心，即使他有那些方面的能力也不会再表现出来了。

标签效应有积极的和消极的两种作用。我们要巧用标签矫正学生的不良行为，学会给学生贴上积极的、正面的标签，千万不要随便给学生贴上消极的、负面的标签。案例中，我没有因为学生的错误而随便给他贴上“品质恶劣”的标签，而是耐心教育，巧妙引导，让其做好事以弥补过失，并在他不知情的情况下给孩子贴上了“思想优秀”的标签。这种标签时时刻刻给孩子的内心灌注阳光，驱散其内心的阴霾，助其拥有阳光心态。

需要注意的是，无论是父母还是教育工作者，千万不要对一时有缺点和不良行为的孩子进行经常性的贬低与训斥，不自觉地给孩子贴上一枚“黑标签”，以致孩子向不良方向发展，最终使“黑标签”变成了谁也不愿意接受的事实。我们提倡以正面教育为主，要尽可能地去寻找孩子身上的“闪光点”，给予及时的表扬，有意识地给孩子贴上一枚“红标签”。这样做的目的就是使学生常常意识到自己身上的优点、长处，并按好的标签去要求自己，约束自己。久而久之，“红标签”便会强化孩子的好行为，淡化坏行为，给孩子积极向上的正能量，“坏孩子”和“落后分子”也会变成“好孩子”和“积极分子”。

（刘　霄　山东省沂源县南麻中学）

智慧9

用动机理论矫正爱的方式

案例呈现

她为什么失去了学习动力

婧在上小学、初中时成绩一直很优秀。作为班长，她是老师的好帮手。在老师眼里，她是一个学习认真，遵守纪律，行为乖巧的女孩。到了高中之后，她还是那样文静，但是文静的外表下却是学习动力的缺少——上课时经常开小差，成绩也一落千丈。

初始判断

一个平时表现很乖巧的女生，如果失去了学习动力，往往是学习目标不明确造成的——不知道自己学习是为了什么。或者受到了外界因素的影响，生活的关注点发生了转移。例如，受到“读书无用论”的影响，认为考大学不如早就业。一旦学生有这样的想法，想让她再集中精力学习就很难了。还有可能受到情感的影响。高中阶段，学生情感发育最快又最不稳定，对异性的好奇心非常重，且同伴当中有攀比的现象。

读懂过程

我找婧谈话，她坦诚地告诉我，她不知道学习的目的是什么。在小学、初中的时候，她很努力地学习，目的是获得家长的认可和赞美。现在她突然感觉到父母毫不关心自己，无论自己考得好，还是不好，父母都没有太大的反应。考好了，父母也不夸奖她；考差了，父母也不骂她。她总感觉自己是个多余的人。所以，进入高中之后，她就没有心思学习了，但也不敢完全放弃，于是就消极怠工，虽然坐在座位上，其实思想上常常开小差，学不进去。

教育之方

一、家校沟通，改变父母的认识和行为方式

当我把该生的情况和家长沟通之后，妈妈承认自己的确对孩子有所忽略，也有在想办法弥补，但弥补的方法是尽量满足孩子的要求，且主要是物质上的要求。针对这种情况，我给家长作了两方面的引导：第一，对孩子的成绩不太关注，有没有正面的动机？第二，现在的弥补方式想要达到一个什么效果？为了实现这个效果，有没有更好的方式？

经过我的引导，家长也承认有不愿意给孩子太大的压力，想让孩子轻松成长的正面动机，并明白了不给孩子太大的压力，并不代表着不管不问，有时候适当的管教会让孩子更多地感受到来自父母的关注和爱护。想到自己的行为让孩子如此受伤，家长很愧疚。

但是单纯的物质弥补，是很难取得好效果的。于是家长决定利用周末等时间多和孩子交流沟通，以达到心理情感的共鸣。

二、引导学生再定义父母的行为，获得新的心理感受

我让学生的思维重新回到过去的画面，想象自己拿着成绩单向父母汇报的场面。一个场面是自己考得不错，兴高采烈地向父母汇报，看看父母的反应，以及从中自己又看到了什么。

学生一开始看到的是父母没有表现出她期望的神态，她渴望得到父母的表扬、赞许甚至抚摸，父母表现得却很平静，于是她内心很失落。

我又让学生重新思考：每个父母都是爱自己的孩子的，父母的这种行为有没有爱自己的成分呢?

我的问话很显然引起了她的触动，她突然感觉到父母很可能是担心她会骄傲，于是为了让她学会在成绩面前不沾沾自喜而故意表现得很平静，其实内心深处正为她获得优异的成绩而骄傲呢!

我再让学生回忆另一个场面：自己考试失败，情绪失落而又担心，将情况小心翼翼地告诉父母，看看父母的表现。

这个时候学生已经变得很理性了，她告诉我以前也有过这样的场面：告诉自己父母的时候也很担心，内心却又希望父母骂自己一顿，这样说明父母在乎自己——当然更渴望得到父母的理解和关爱。现在想想当年父母表现得很平静，她终于明白那很可能是父母担心她压力过大。他们还告诉她，失败并没有那么可怕，让她学会冷静地面对失败。

这样的发现让学生突然感觉自己的父母很伟大，很了不起，对父母的不满随之烟消云散，心中留下的是对父母的理解以及误解父母的愧疚。当学生改变了认识之后，学习的动力又回来了。

方法提升

孩子所表现出来的各种症状都源自心灵，因为心里有挂碍才会出现各种所谓的“疑难杂症”。所谓的“挂碍”就是心里在意的事，这些事情与道德伦理无关。家庭是孩子来到这个世上开始学习和成长的第一个地方，这个时期也是人形成自己的个性、品质的最关键时期。父母对待孩子的态度和方式，将会直接影响到孩子以后的命运和价值取向。

父母是孩子生命中最重要的人，孩子会在潜意识中模仿父母的样子，把父母的道德、品质、行为等作为自己的标杆。在这个时期，孩子所经历的事情与感受会以种子的形式存储在心智中，伴随孩子一生的成长。当遇到类似的环境时，孩子会以父母的思想方式看待及解决问题，甚至重复着上一代人的命运。当父母没有改变时，如果只是让孩子有所改变，是很难的。一切的生长、开花、结果都源自土壤下面的种子，环境再好，种子不好，也是比较难成活或成长的。

大量的案例告诉我们，父母可以在唤醒过程中了解孩子受到了什么因素的影响，然后回到当时的原点进行化解，孩子的状况就会发生很大改变。所以说要想彻底改变学生的某些问题，必须先改变父母的教育方式和行为方式。这就要求老师们在家校沟通环节中必须非常到位并且充满艺术和智慧。

因此无论是引导家长还是引导学生，都必须让当事人回到生活的原点，对过去的行为进行重新思考和定义。父母教育孩子的动机肯定是好的，只是教育行为会不会产生负面效果？有没有更好的方法来实现教育动机？面对有可能产生的负面效果，有没有预防措施？

当找到孩子行为的原点之后，可以通过对当时的行为进行再认识，重新定义事件和行为的意义，从而改变学生目前的认识。

爱的动机和爱的行为方式不能简单地画等号。父母不能以为有了爱的动机，自己的行为方式就会被孩子接受。因为孩子往往很难看到深层的动机，只会跟着感觉走，从自己的感觉来理解父母的行为，很容易产生误解。

我们借助情感冰山理论来分析爱与爱的方式的区别。

人们表达爱的方式往往是愤怒、责怪、怨恨，并且认为这种情绪化的表达方式是合情合理的。上述情绪的下面是伤痛、悲伤、失望等——看到对方的行为自己感觉很受伤、很失望。而失望的下面是恐惧、不安、创伤等，这种感受也是对对方行为的担忧。恐惧的下面是遗憾、了解、责任，这份责任感让自己不得不作出反应，责任越大，情绪反应往往越强烈。责任的下面是意向、结果、希望，即家长、老师责骂学生一般有着良好动机，希望对方改变行为，希望得到一个好的结果。而最深层的情感是爱，也正因为有爱的支持，所以老师责怪学生的时候才理直气壮。这样就有了大家常说的一句话："老师批评你是为你好。"因此很多老师往往只强调自己美好的动机，而忽视了方式的选择。

而被责怪的一方，对对方情绪行为的理解往往是"责怪我说明不喜欢我，不喜欢我是因为对我有偏见"，甚至还会产生更极端的认识。于是双方对情绪化行为的理解就出现了严重偏差。这样就出现了爱也是一种伤害的局面。

因此，高明的老师一定要学会在尊重事实的基础上，用自己敏锐的觉察力和智慧的引导发问，让学生从行为表象里感受到那份深沉的爱。当这份爱和孩子的心灵产生共鸣之后，学生的思想、情绪自然就会得到释放，行为也随之改变。

（陈汝轩　广东省佛山市碧桂园学校）

智慧10

遵循同理共情原则，在倾听中帮学生“去弊”

案例呈现

“老师，你对我的印象如何？”

数学老师与小莉在办公室里交流学习方法，虽然数学老师说了很多，小莉似乎也在认真听，但我总感觉小莉的心思并不在方法讨论上。数学老师走了之后，小莉突然问我：“老师，你对我的印象如何？”并且她似乎满怀期待。

初始判断

从小莉和数学老师的谈话中，我得到了两个重要信息：第一，她初中时各科成绩都很不错，数学也很好，只是到了高中就不行了。第二，她自己很想学好，但是老是控制不住自己，总忍不住放松对自己的要求。

直觉告诉我，小莉之所以现在数学成绩不好，并不是她的能力有问题，也不是她的学习方法有问题。她初中时数学并不差，说明她有很好的数学基础。她很想学好，说明她有上进心。控制不住自己，对自己要求不严，也显然并非学习方法不对，而是学习质量不高。

那么，为什么小莉升入高中后数学成绩下降了呢？在与数学老师的交谈中，小莉显然没有把真实的自我呈现出来。而小莉要我说说对她的印象，让我意识到她如此在乎老师对她的评价。我觉得，这一定有什么原因。

根据倾听的原则，学生往往在谈话中遮蔽了内心的真实，而老师要做的就是“去弊”。只有去掉这些遮蔽的东西，才能靠近学生的灵魂，谈话才能继续。

教育之方

面对小莉的期待，我决定采用同理共情的方法，让小莉成为倾诉者，把自己内心真实的一面展示出来。

我没有直接回答小莉的问题，而是反问她，让她自己评价一下自己。

她便说自己懒，很多学习上的事，自己都不主动。比如不肯动脑筋想，像数理化，根本就不愿意认真学，后来就抄同学的作业。她说她初中的时候从来没抄过，但是高中的时候抄了，虽然只抄了一段时间，但是觉得抄作业很爽。

我仔细询问了她为什么会有“爽”的感觉。她说刚开始的时候还是有些担心的，害怕这样抄作业会导致自己成绩下滑，但是后来就觉得这样抄作业非常过瘾。从她的回答中，我隐约觉得她抄作业的行为是一种叛逆的心理反应。

我问她对自己还有没有别的什么评价。她说自己做事也不积极，比如劳动就不积极。她又说自己喜欢吃东西，经常买零食吃。她说初中的时候不怎么吃零食，但到高中后和四个同学玩得好，就开始吃东西了。

我问是哪四个人，她说了几个女孩的姓名。

从她的自我评价中，我没有听到她一句肯定自己的话。我感觉到她内心里极度不自信，并有深深的自卑。她总是批评自己，却从没有看到自己的优点。

我似乎有点明白她的问题所在了。于是我说："你刚才说了半天都没有说自己什么优点，老是说自己的缺点。我没有发现你从初中时那么出色变成现在这个样子的原因，我只知道你可能容易受环境的影响，其他的不知道。"

她便说初中的时候她确实很优秀，班主任重视她，数学老师喜欢她，她在班级中神气极了。

我说："但是为什么现在变成了这样呢？究竟是什么原因导致的呢？从你的话中，我只看到了你的不自信，以及深深的自卑。你不敢肯定自己，不敢正视自己。是不是？"（此时，因为用同理共情使小莉打开了心扉，我用"直视"的手段进行深层剖挖，促使小莉直指内心的真实。自我披露法的好处在此处也体现了出来：因为打开了心结，师生在谈话中产生了信任，小莉叙述背后的故事成为可能。）

听了我的分析，小莉似乎有些激动，终于说出了自己进入高中后变化的原因。原来她从没有想到自己会考进我们这所学校，再怎么着也应该进省重点高中。

我表示理解，说："一个这么优秀的学生，肯定想考好一点的学校，却考进了我们学校，前途看起来并不怎么好，这中间肯定有很大的落差。我能理解你现在为什么缺乏自信，有着深深的自卑感了。"

她一下子激动起来，说自己觉得好辜负初中的班主任。那个班主任认真培养她，为她做了好多事，但最后她没考好。到了我们学校，她的中考成绩在班级里面也并不位于前列，老师并不重视她。她感觉没有前途了，便有些放弃了自己，结果成绩下降得厉害。这样一来，她更得不到老师的重视，于是就不思进取了。她说现在每次去看初中的班主任，总要与初中同学相聚，发现其他同学都在省重点高中，学习、生活得有滋有味的，只有自己在这个非重点高中，便感到很自卑，觉得在别人面前抬不起头来。说着说着，她便流下了眼泪。

我连忙表示了理解，并安慰她："没有关系，一切都过去了，现在你已经看到了自己的不足，知道要发奋了，表示你想要学好了。这就是自省的开始，有了自省，就会慢慢学好。只要现在努力，还有希望。"她表示自己会努力学，并说自己心里还是想考一个大学的，还是有梦想的。

我说："任谁在经历失败之后，都会如此，老师很理解。"我又说："我发现很多有名气的人以前在学校里并不是很出色，但后来却很有名气。包括我自己，在大学的时候成绩并不怎么样，但是现在当上了语文教研组长。在很多同学中，我还是不错的。"（此处我采用了自我披露的方法，选择性地将自己的经验、处事的方法和态度、对人对事的观感向小莉披露，从而使小莉能把别人的经验作为处理自己问题的参考。）

小莉听了，哭得很伤心，不停地表示自己一定会努力的，一定不会再浪费自己的青春时光。我说："你现在的表现就是做到了自主，这是一次自我发现。发现了自己的问题，剩下的就是调控。当然，调控的最初时候会很痛苦，但只要用心，你就会有进步，而你的自信也就会回来。到最后，你就会成为老师心目中最棒的一个，你一样还是班级里叱咤风云的人物。"小莉表示自己一定会努力学习，并表示庆幸自己有了和我的这一次谈话，不然还不知道以后会怎样。

看着小莉一边抹着眼泪一边离开的背影，我心中有一丝沉重，也有一些愉悦。沉重是因为小莉的自卑心居然背负了一年之久，而愉悦是因为今天小莉终于打开了心结，或许初中那个快乐活泼的小莉将会回来！

果然，在后来的学习和生活中，小莉明显改变了很多，上课走神、讲小话的情况少了，基本改掉了带零食进教室的习惯。在学习计划本中，她有意识地提醒自己上课要保持注意力，并写下了“加油，一定能成功”之类明显带有自信的话语。虽然小莉还没有完全恢复到初中时的状态，但已经逐步走向正轨。

方法提升

在日常教育教学中，我们经常看见以下状况：在办公室里或走廊中，某位老师在对一名学生侃侃而谈，谈学习方法，谈学生的错误，谈学生该怎么改变，而学生唯唯诺诺，大气不敢出一声，双手垂立，神情恭敬。老师滔滔不绝地说了几十分钟，而学生却一句话也没有说。最后老师心满意足而去，学生却不以为然地离开。

这样的谈话不能说没有丝毫效果，但很可能是效果不大。须知，某些现象本身只是表象，并不是真实，如果我们仅从表象出发，大发议论，急于劝说或者教导学生，结果很可能是“文不对题”。我们也可以说，在这样的谈话中，老师主宰了谈话，成了整个谈话过程的话语权威，学生的话语权被老师的一番“好意”剥夺了。

学生与老师谈话，最怕的是什么？就是老师的说教。很多学生不愿意和老师交流，其原因就在于老师只顾自己滔滔不绝地发表议论，根本没有在意学生的感受，根本不让学生说话，学生本来有满肚子的话要说，却没有得到倾诉。结果是，学生的问题并没有在谈话中得到暴露，也没有通过谈话得到根本的解决。

小莉起先与数学老师的谈话就充分说明了这一点。整个谈话过程中，小莉基本上没有发言，几乎是数学老师一个人在说，小莉的问题并没有得到根本的解决。

所以在与学生谈话时，老师应该学会倾听，学会定位师生对话的关系。

倾听属于有效沟通的必要部分，我们可以借助倾听求达思想的一致和感情的通畅。倾听者和倾诉者一唱一和，有排解矛盾、宣泄感情等优点。倾听者作为真挚的朋友或者辅导者，要虚心、耐心、诚心地为倾诉者排忧解难。

在日常教育教学中与学生谈话时，我们有三点需注意。

第一，需要定位好自己和学生的谈话关系，尽量让自己成为一个倾听者，而让学生成为一个倾诉者。如果把这两者的关系弄颠倒了，很可能达不到谈话的效果。在本次谈话中，我没有直接评价小莉，而要小莉评价自己，就是给小莉话语权，使小莉成为一个倾诉者，而我则成为一个倾听者。小莉在倾诉的过程中把内心深处的郁结打开，而我在倾听的过程中找到了小莉数学学不好的原因。

第二，倾听过程中要体察对方的感觉。不管是学生主动找老师倾诉，还是老师找学生谈话，在倾听的时候，老师一定要注意体察学生的感觉。比如我感受到了小莉的自卑情绪，便把这个信息反馈给她，让小莉产生了“原来老师如此懂我”的共鸣！有了共鸣，接下来更深入的谈话才得以继续。

第三，要关怀、了解、接受对方，鼓励或帮助其寻求解决问题的途径。在本次谈话中，如果只是让小莉说出内心的真实，还不够，还需要从根本上消除小莉内心的自卑感。于是我首先对小莉的遭遇表示了理解，告诉小莉很多人面对那样的遭遇，都会有自卑感，包括老师，并说了自己的遭遇。这样我便和小莉达到了心灵上的“和声”，使对话产生了很好的教育效果。小莉也从这次对话中找到了自信，并在以后的学习中有所改变。

（潘雪陵　湖南省长沙市第二十六中学）

智慧 11

经营好情感银行，与生为友

案例呈现

令人头疼的“四大天王”

刚接手初三（4）班，真的压抑到极点！同事说，我们班有“四大天王”，可能是先入为主吧，第一个月，我真的怎么看他们，怎么不顺眼，觉得他们事事与我对着干：迟到，无故旷课，仪容仪表不合格，上课睡觉……反正老师能想到的违纪行为，他们都犯了。每天我都会接到关于他们的投诉，每天都要处理他们，他们成为我管理班级的最大“敌人”。

初始判断

2011 年 11 月 17 日的校运会让我对他们彻底改观了。虽然他们成绩不怎么样，很多人都觉得他们是坏学生，但是看着他们在体育场上互相扶持，互相鼓励，为班级争名誉，我真的很感动！特别是小煜，乃“四大天王”之首，我们班的体育委员，叱咤风云的运动健将。早上，我班由于一些“人为”原因，在 4×100 米的接力赛中失利了。看得出小煜很愤怒，很压抑。但是，他表现得很大度，确实让我刮目相看！四个学生当中，他的自我防御心最强。小峰的家庭情况有些复杂：妈妈突然去世，现在由早已建立新家庭的爸爸照顾。刚开始，我是挺可怜他的，后来，我又对他有点恨铁不成钢的感觉。今天跟他闲聊，我才发现他很讲义气，很关心朋友。小勇虽然腰椎有伤患，但还是坚持跑完了1500米，并拿了第一名。他可能是为了给班争光，也可能是为了完成心愿，还可能是为了证明自己吧，但不管是什么原因，我都不得不佩服他的毅力。小凯，是他们四人中情况最乐观的一个：成绩一般，比较守规矩。第一次看见他，感觉他很像我以前的一个学生。因此，我对他有特别的亲切感。看到他跳高时专注的眼神，我有些感动。

教育之方

这四个学生，其实本性不坏。但他们的情况真的让人头痛，也让人心生怜悯。我决心帮助他们走出困境，跟他们“化敌为友”，让他们成为我班级管理的左右手。

第一步，擒“贼”先擒“王”。我把小煜单独叫到了会议室。刚开始，小煜很警惕，对我的每个提问都小心翼翼地回答。于是，我决定转移话题，跟他聊我的成长经历，让他知道，每个人都是经历过叛逆期的，只是有些人会选择逃避，有些人会选择事事与家长、老师作对，有些人会调整心态，努力做好自己。这次谈话，我们聊了一个多小时——从他听我说，到我听他说。我觉得这已经有很大的进步了。最后，他突然问：“老师，我下学期都要转学了，为什么你还这么关心我呢?”我说：“因为现在我是你的老师。不管你转不转学，只要你愿意，我以后还是你的老师!”话音刚落，我就看到他双眼有一点湿润了。我接着说：“你下学期就要走了，你能为你的死党留下点什么吗？我觉得你能留给他们的最好礼物就是良好的学习态度，这样他们就能走进更好的学校了。”其实学生都是小孩子，都需要人关心和呵护。你对他好，他会感觉到的。

第二步，各个击破。一天，小峰又无故旷课了——又是宿醉未醒。我决定用 QQ 跟他聊天。远距离的谈话，让他的警惕性有所下降。他主动向我倾诉他家里的情况（他一直以为我不了解）。跟他谈话，就像老朋友在谈心，感觉很奇妙，而且他还向我保证以后不会再喝酒了，希望能靠自己的努力为自己争口气。然后是小勇。他是“软皮蛇”，答应老师和父母的事情，多数不能兑现。他唯一的优点就是，很喜欢回学校，因为只有在学校里他才能脱离妈妈的管教。于是，我决定采取见家长的方式。跟他妈妈沟通后，我要求他当着他妈妈和我的面，写好“退学申请书”，并说明：如有旷课、迟到、上课睡觉等不良现象，马上向学校递交“退学申请书”。接下来的日子，小勇果然变了，每次上课都很积极地回答问题。其他科任老师问他为何这么积极，他说：“上课时只有说话，我才不会睡觉；但是上课时只有回答问题才能说话。所以我只好多回答点儿问题了。”最后是小凯。转变他的难度是最小的。他就是对自己的未来没有明确的目标，过一天算一天。我跟他谈话，只是问了他三个问题。“你最喜欢做什么事？”“打篮球。”“什么工作能让你天天打篮球？”“当体育老师。”“你有能力考特长生，前提是现在每天必须认真学习，不浪费一分一秒，能做到吗？”然后就让他回家好好想想，用行动告诉我他的决定。

第三步，形成合力。周五放学后，我把“四大天王”都留下。首先，我肯定了他们在校运会上的表现和近段时间的进步。然后，我明确地对他们说，在自己心里，他们是可造之才——只要把用在体育上的一点决心用在学习上，他们的成绩一定会有很大的进步。最后，直接告诉他们：“我希望你们把我当好朋友，生活和学习上遇到什么问题，都可以找我，我是你们永远的坚实后盾。”这次谈话就是为了让他们有共同的目标，能共同奋斗，互相监督。

经过这几轮谈话后，我明显感觉到他们的进步，特别是在行为上。现在，我已经很少接到关于他们的投诉了。哪怕是偶尔违规了，他们也会自觉地跟我认错。在班级管理上，我大力表扬他们的进步，一是让“四大天王”对我的管理有认同感，二是树典型，让其他同学看见他们的进步，自觉服从我的管理。现在，他们已经能帮我管理班级了，成了我的左右手。

从“与学生为敌”到“与学生为友”，虽然过程很痛苦，但是我觉得很值。从这件事中，我认识到，做一名合格的班主任，必须做好以下几点。

首先，要跟学生做朋友。当你面对新接手的学生时，以前老师对他们的评价只能作为了解学生的间接材料，千万不要戴着有色眼镜去看学生，不要事先对学生分门别类。

其次，遇到事情，不要站在学生的对立面去分析。当你从学生的角度去观察和理解后，就能明白学生为什么要这样做。这样，跟学生沟通时，就容易找到切入点，击中学生内心最柔软的地方，让学生从心底里信服你，听你的话。

最后，要记住“人都会犯错，学生也是人，请允许学生犯错”！重要的是，要教会学生主动认错，不允许同样的错误发生第二次。

每带一个班，我都会从学生身上学习到一些教育的道理，并在以后的班级管理中加以运用。

方法提升

一般来说，行为表现不好的学生情感系统可能出现了严重的问题，不仅仅是情感匮乏，而且有严重的负债。

这种情感负债首先来自学生的家庭：一般情况下学生的家庭关系都不是太好，要么父母关系不好，要么亲子关系不好，总之学生的情感发育受到影响。家庭情感匮乏的学生渴望从外界获得补偿，于是同伴的“臭味相投”便乘虚而入，占领学生的情感世界。

如果老师处理学生成长中的问题方法不当，未能采取有效的方法弥补孩子的情感世界，那么老师的所谓教育很可能会激发学生内心的“仇视”。对父母的怨恨因为血缘关系无法发泄，学生就会下意识地迁怒于和他产生矛盾的老师，于是仇恨老师成了学生发泄情绪的一种方式。

学生处于叛逆期，又加上仇恨的情绪，他们往往会表现出让老师难以忍受的行为，这种行为引起老师的反感情绪是很正常的，我估计没有多少老师会用一种充满温情的方式来处理学生成长中的问题。从“四大天王”的称号便能看出老师对学生的态度，这样的态度自然也很难被学生接受。

该案例中，我没有采用传统的管教方式，而是尝试改变认识学生的角度，认定学生本性不坏，这样就有了良好的心理基础。其次，我改变了简单地关注行为的思路，指向学生的内心成长，这样就最大化地包容了学生。这是建立良好师生关系的重要基础。第三，我改变了和学生的沟通方式，把自上而下的说教变成了朋友之间的谈心，这样的方式比较容易被学生接受。第四，给学生展示的平台。每个学生都有一份被关注的渴望，当他们不能通过正常的途径获得关注的时候，就会用自己的方式吸引大家的目光。而当他们通过“合法”的途径展示自己并得到关注后，他们的行为自然会随之改变。

因此，在教育这些情感系统出现问题的学生时，老师能否拥有一个强大而富足的情感银行就显得非常重要。

那么老师该如何建立自己的情感银行呢？

第一，要有情感银行的本金——丰富的内心世界。老师首先得是一个情感丰富的人，懂得用爱心浇灌教育，用爱心看待身边的人和事，对学生的成长有足够的包容和接纳等。

第二，要有往情感银行存款的方式——赞美。人性的弱点之一就是渴望被赞美和认可，喜欢被表扬不喜欢被批评，喜欢被鼓励不喜欢被打击。赞美是欣赏的结果，是欣赏学生的自然流露，是对倾听和欣赏的巩固。不只是要当着学生的面进行表扬，更要重视在背后赞美学生。它是融洽人际关系的法宝。赞美的方式可以是鼓励、肯定、关爱和支持。实践和试验表明，两个互相仇视的人，如果在背后听到对方在赞美自己，仇恨马上就会烟消云散，所有的恩恩怨怨在眨眼之间归于乌有。

第三，拓宽情感银行的存款渠道。老师想要和学生建立良好的情感系统，丰富自己的情感银行，就需要多渠道地往银行增加存款。其一，老师除了直接对学生进行赞美、支持和关爱之外，还需要在语言、行为等细节处着想，时刻关注学生的成长，保护学生的心理和尊严。其二，需要建立良好的家校合作关系，取得家长的有利支持。只有和家长建立良好的关系，才能更全面、更系统地了解学生，从而对学生的行为作出预判和处理预案，这样才可能把学生搅局的行为消灭在萌芽状态。老师提前和家长建立良好的互动关系，就会提前了解学生的成长背景和成长过程，这样处理学生的问题时才更有针对性，更有效果。其三，建立和全体学生、科任老师的情感渠道。通过这个渠道，不但会获得更多的情感支持，还有助于你获得更多的信息资源和处理方法。

第四，扫除赞美的盲区。对于那些经常违纪的学生，很多老师已经形成了对学生的固定认识，可以说是带有偏见的认识。对这些学生，老师很难从他们身上找到优点。其实，缺点的对立面就是优点。例如，一个学生做事容易担心这担心那，换个说法就是做事谨慎；一个学生经常违纪，换个说法就是有冒险精神。如果我们老师先肯定学生谨慎或者敢冒险的品质，然后引导学生把这种品质用正确的方法展示出来，学生就容易接受老师的教导。

一个人没有缺点，也没有优点，只有特点。缺点是特点的误用，优点是特点的善用。老师的一大责任就是找准学生的特点，加以引导。所以，千万不要说看不到学生的优点。

当老师应用多种手段丰富自己情感银行的时候，还有什么样的学生不能从容应对呢？

（李瑞枝　广东省广州市市桥桥兴中学）

智慧12

帮助学生建立规则意识，走出成长误区

案例呈现

小户人家里的“纨绔子弟”

小天是这个学期转入我班的。他的家庭算不上怎么富裕，也就是一个小户人家。

开学时，小天拿着教务处的条子到我这里来报道，我感到很奇怪。他母亲介绍说：“小天不愿意在县城读书了，因此转了回来。”我打开小天的学生手册：数学32分，英语21分。

小天在我班里学习了一个月以后，一切还好，除了学习基础差一点，基本上没有大的违纪。

一个星期天的下午，我忽然接到了他母亲的电话：“刘老师，小天离家出走了！”

我一惊：“什么时候的事？”

“刚才，小逸的父亲打电话来说，小天和小逸准备离家出走，外出打工。”

“那你们赶快去找呀！”

“对！赶快找人！”他母亲挂了电话。

整个下午，我都患得患失，担心着这个孩子。

晚上十点钟，他母亲终于打来电话，说已经将人在半路上截住了。我松了一口气。

星期天的晚上，我再次接到了他母亲的电话：“刘老师，小天不想读书了，怎么办呀?”

我有点意外：“怎么回事?”

他母亲声音里已满是焦急：“小天说，他坐在教室里实在听不懂，反正坐在那里也是白坐，便不愿意读书了。”

我叮嘱她：“您不要责怪他，平心静气地坐下来跟他交流，问问他不读书想干什么。您记住一点，成人比成才重要。”

“这个道理我懂!”

初始判断

一个星期以后，小天回教室了。据他母亲说，他父亲本来在外地打工，专程赶了回来，发动了所有的亲友做工作，终于将小天重新送回了教室。他母亲在我的办公室里，反复说着两句话：“孩子还这么小，总不能不读书的。”“刘老师，拜托您耐心一点，对小天的要求放低一点。”看到这个母亲焦急的神情，我有些黯然：可怜天下父母心呀!

一个星期五，我接到通知，要去开一个会。刚开完会，我就接到了同事的电话：“刘老师，会开完了吗？赶快回学校来，你们班的小天跟英语老师发生了冲突。”

原来，英语课上，小天一直在跟邻桌讲话，英语老师气愤不过，手中正好拿着教鞭，就把小天的手敲了一下。没想到，这下惹恼了小天，他腾地站了起来说：“老师，你打人，我要上告教育局。”

英语老师一听，勃然大怒：“我打伤你了？你去告呀!”

班上平时几个曾遭到英语老师批评的男同学此时见“有机可乘”，也一个个站起来起哄。一时之间，英语老师与学生出现了对峙的场面。同事赶紧给我打电话。

我急忙赶回办公室，得知刚才小天已经给父母打过电话。刚才小天还在那几个男同学的怂恿下，到办公室对英语老师说：“老师，你跟我一起到教育局去咯。”

英语老师此刻意识到问题的严重性，正手足无措，不知如何应对。我连忙安慰她说：“没事的，这事我会处理好的，你放心好了。”

我走进教室，把小天叫了出去：“英语老师打你哪里了？”

“打我大拇指了，你看，还有些红肿呢。”小天一脸无辜。

我抚摸着小天的手：“哎，没有红肿呀，还疼吗？”

小天有些不好意思：“早就不疼了。”

我继续抚摸着小天的手：“小事情嘛，何必搞得如此紧张？听说你还要告到教育局，为什么有这样的想法？”

小天在我的安抚下，显得有些腼腆：“英语老师刚刚打的时候，有这样的想法，但是现在没有了。”

我在心里庆幸，还好，知道适可而止。

一天下晚自习后我去查寝，刚走进寝室，就听到小天在叫嚣：“老子上课的时候……”看见我进来，小天的话戛然而止。我抓住小天的手臂：“你一个学生，算什么老子？”

没想到，小天居然毫无惧色：“我就是要这样说，你能把我怎么样？”

我心头怒火熊熊，但也无可奈何，我确实不能把他怎么样。

这些天，几乎所有的科任老师都向我抱怨：“这个小天越来越不好教了，上课老是讲话，还不能批评，一批评，他就跟老师顶撞，而且还气势凌人，一副谁也不敢把他怎么样的样子。”

英语老师再次与小天发生了冲突。小天在教室里大声叫嚣：“我就是这样上课，你能把我怎么样？”英语老师气得浑身发抖，但又无可奈何。

我把小天叫到办公室，和风细雨地问他："为什么跟老师说话总是这样一个态度？你对这个学校还有些什么不满？"

没想到我的温和换来的不是温和，小天头一扬，脱口而出："还有谁？就是你咯！"

我一听这话，顿时火冒三丈："好你个小天，我好心好意接收你，教你知识，教你做人，你说说看，你对我哪儿不满意？"

小天一言不发，只是对我怒目而视。

教育之方

我被小天的问题困扰，感觉自己已经无力单独解决了。

无奈之下，我只好将情况汇报给了学校政教处，请求他们的支援。政教处的老师问我的教育计划。

我先表明两个观点：第一，我已经下定决心，必须解决眼前的问题。就是说不管我即将实施的教育有多大的风险，我都必须坚持我的教育原则。第二，正因为我即将实施的教育存在一定的风险，因此必须制订详细的预案。

政教处的老师非常赞同我的观点，我们很快达成了两方面的共识：第一，这次教育必须征得家长的同意，并且邀请家长到场。我跟他母亲说："对于小天的错误，我们准备采取一些教育措施。但是我们担心小天可能会接受不了我们的教育，出现离家出走，或者再次拒绝入学的现象。"我向他母亲传达的一个基本观点就是：一个孩子，他可以用各种方式破坏家庭的规则，可以用各种方式破坏学校的规则，但他步入社会以后，破坏不了社会的规则。一个孩子，他可以不服从家长的管教，可以不服从老师的管教，但他步入社会以后，不可能不接受社会的管教。我们现在对小天进行管教，是爱他。身心疲惫的母亲在这一点上与我们的思想高度一致，她最后表态说："与其让小天将来去接受社会的管教，不如现在由我们自己来进行管教。如果他硬是要离家出走，或者拒绝入学，那也随他去吧。"第二，这次教育行动必须有一个预案，我们不能走一步看一步。就像战斗需要作战方案一样，我们的教育也应该有方案，也就是我们常说的教育预案。

我跟政教处的老师商定的预案分四步走。

第一步，用"同理心"取得小天情感上的认同。要俯下身来，站在小天的角度思考和分析问题，将心比心。小天目前确实也有自己的苦衷：学习基础差，整天毫无收获地坐在教室里。一个修禅打坐的僧人，坐这么多年的冷板凳，只怕也要修成正果了。他其实并不是想跟家长和老师对抗，只是想用这种方式来逃离对他来说形同炼狱的教室。这一步的时间可以足够长，一定要把小天内心的叛逆和对抗给消除掉。

第二步，对小天进行感恩教育。这一步主要讲父母的难处。将心比心，既要站在小天的角度"比心"，也要站在父母的角度"比心"。我们要理解小天，小天也要理解父母。

第三步，对小天的违纪行为进行剖析。小天之前各种的"过激"行为并没有得到预期的"惩罚"；小天的无所顾忌，只是经验使然；学校的主要生活对小天已没有了吸引力，小天的无所顾忌是对学校生活的另一种反抗；小天无所顾忌的行为在同学之间产生了"聚焦效应"，小天从中获得了一种成就感。

前面这三步，都由我来完成。第四步，则由学校政教处的老师来完成：主要表明学校的原则和立场，那就是学校绝不惧怕任何威胁，任何人不得找任何理由来破坏学校的规则。如果小天不能接受学校的管理，"离家出走"或者"拒绝入学"，那都是他的个人行为。每个人都要对自己的行为负责。国家设立学校的目的，是为社会培养人才，因此对那些愿意好好学习的学生，学校有责任对他们进行知识和技能的培养，这才是学校工作的重点。因此学校和老师必须维护正常的教学秩序，以保证愿意接受教育的学生的权利。这是原则，也是制度。

预案设计好以后，我把小天的父母约到了学校。在我的办公室里，我们非常完整地执行了事先设计好的预案。出乎意料的是，最后有一个小插曲——小天跪倒在他父母面前，痛哭流涕。

一个月后，小天坐在教室里，除数学和英语课以外，基本上能投入进去，按部就班地做一点作业，对科任老师也没有了明显的敌意。虽然他与我的感情并不是很融洽的那种，但我讲话他还能听进去。

我想，维持这种现状就不错了。我接下来要进行的是，找到他智力结构中的“优势智能”，并且想办法发展他的“优势智能”，恢复他内心的自信。

方法提升

意大利法理学家切萨雷·贝卡利亚在其著作《论犯罪与刑罚》中说：“刑罚的威慑力不在于刑罚的严酷性，而在于其不可避免性。”

这句话的意思是：刑罚即使再严厉，一个人犯罪后得不到处罚，那么严厉对他来说有什么用呢？反过来说，刑罚不那么严厉，但一个人犯罪后，无论他逃到什么地方，都不可避免地会受到处罚，那么他就认为犯罪受处罚是不可避免的，犯罪时就会“三思而后行”了。

贝卡利亚的这句话，给了我们一线班主任一个重要的启示：班级管理制度不在于它的处罚措施有多么严厉，而在于学生违纪了，他必定要受到处罚。在一个班级里，大多数人会遵守规则，小部分人会利用规则和破坏规则。就像交警上路检查违章，大多数人愿意接受处罚，但总有一部分人会在第一时间掏出手机，联系外援，动用各种关系来逃避处罚。

在班级管理中，我们往往看到一个没有制度的班级，纪律很乱。其实比纪律乱危害更大的一个问题是：遵守规则的学生的民主权利得不到保障，他们往往成为那些利用规则和破坏规则的学生的行为的受害者。班级的一般法则是：遵守规则者弱势，利用规则和破坏规则者强势。

现在是法治社会，目的就是用法治的方式建立一种公平的社会秩序，保障社会公平。尽管现在还有很多不尽如人意的地方，但不容置疑的是，这是现代文明发展的方向。任何人，都可以拿起法律武器来维护自己的权益。哪怕你是一个生活在社会最底层的“弱势群体”，社会也应该保证你有“说话”的地方和“说话”的权利。

班级的管理制度，其实就是法治社会的一个“前奏”。因此，从这个角度来说，作为一线的班主任，我们有责任推动社会法制秩序的建立。我认为，班主任要想推动班级法治秩序的建立，维护好“弱势群体”的民主权利，需从两个方面展开工作。

一、使民主制度化

这里有两个问题要解决。

1. 制度制定过程的民主化。

我们班的制度制定流程是这样的。

（1）发现问题。班级在某件事情的运行秩序上出现了混乱，老师和学生都觉得为了维持运行的秩序，必须制定一个制度。

（2）讨论。学生和老师一起，就制定的条款进行讨论，然后综合大家的意见，形成草稿。

（3）通过。经全班同学表决通过后，条款就算确定了下来，就必须坚决执行。

经过这样的流程制定出来的制度，只能是一个一个地出台，逐步完善，不可能一节课之内就颁布几十条。

2. 制度执行的民主化。

对班级集体而言，加强制度建设的目的是使民主制度化，保障班级内所有学生的民主权利。制度越完备的班级，学生拥有的民主权利越多。

如果不使班级民主成为一种制度，那么班级的民主就会被任意践踏，成为人治的虚假托词。一个无法保证制度具有不可避免性的班级，“弱势学生”的民主权利就会得不到保障。

教育很重要的一个社会责任，是推动社会法治秩序的建立。学校是一个小社会，班级是一个更小的社会，在这个小小社会里，我们同样应该维持它的法治秩序，使民主制度化。

二、坚决捍卫制度的尊严

班级制度存在的价值不在于它有多么先进，而在于它有多么实用。

在制度的执行方面，我一直认为，一个班主任的意志与他所具有的教育智慧同等重要，甚至我曾一度“偏激”地认为，意志比智慧更重要。意志属于“情商”的范畴，智慧属于“智商”的范畴。意志之所以重要，是因为成功取决于行动，而行动则取决于意志。为什么有些人智力平平，但往往会做出出人意料的成绩？比如，初中时在班里并不起眼的学生，到高中后却会进步神速，有的还考取了一流的重点大学，着实让老师和同学们都大吃一惊，而那些被老师看好的同学反而不怎么样。这是为什么呢？其实，道理很简单：成功与否，不在于一个人有多么智慧，而在于他有多少意志去坚持。

班主任能否始终如一地坚持教育原则，遇到困难不退缩、不动摇、不放弃，是班级管理能否取得成功的一个非常重要的因素。

（刘令军　湖南省宁乡县煤域中学）

智慧 13

巧用周记，引领学生走出心中的泥潭

案例呈现

她为什么想着去死

有一天，我在批改学生的周记时，古丽的周记本上的一句话紧紧地揪住了我的心："如果死可以解决问题的话，我一定会毫不犹豫地那样去做。"

初始判断

还清楚地记得我去新疆接这批学生时，在培训学校第一次跟他们见面的场景。我让他们作自我介绍，轮到古丽的时候，她甜美的声音深深地吸引了我。她说自己是一个维吾尔族女孩，可是长得却很像汉族，还说自己是第一次出远门，希望同学们多多关照。她在作自我介绍的时候，手里还抱着一个布娃娃。那时的她给我的感觉是一个童心未泯的天真、乐观、可爱的女孩。

一个给我这样美好印象的女孩的周记中为什么会出现"死"的字眼呢？在没有深入了解的情况下，我不敢贸然跟她谈话。为了让谈话起到很好的作用，我必须做好前期的准备工作。于是我找出她的档案，看到家庭成员一栏里只写着母亲一人。这个细节引起了我的注意，我猜想这可能是一个离异家庭的孩子。教书多年来，离异家庭的孩子我见过不少，做这种孩子的思想工作我还是有点经验的，于是心里稍微放松了一点。为了确认我的猜测，我又拨通了古丽妈妈的电话。古丽妈妈接到我的电话显得有些意外，同时也很高兴，她正想了解古丽在学校的学习、生活情况呢。她妈妈告诉我，古丽爸爸因为车祸已经去世多年，自己为了生活又改嫁了现在的老公，但是这个老公与前妻有三个孩子，其中老二还是残疾，常年卧床不起需要人照顾。因为这些烦琐的家庭事务，她根本无暇顾及古丽，希望我能够多多关心古丽。

放下电话以后，我的心情又开始沉重起来。如今这种情况比我猜测的要复杂得多。这种家庭背景的孩子，我还是第一次接触。古丽是因为缺乏父爱和母爱而有了厌世心理。我该如何入手，古丽才不会排斥我的格外关心呢？

读懂过程

我想既然古丽是在周记中透露出这种厌世心理，那么我也应先用文字的方式和她建立良好的沟通，尽量让她说出自己内心的真实想法。只有找到真正的“病因”，我才能够对症下药。于是我在古丽的周记本上写下这样一段话：“古丽在老师的印象中是一个乐观开朗的姑娘，这次的周记却提到了‘死’这个可怕的字眼，到底是什么原因让我们的古丽暂时失去了对生活的热情呢？如果你信任老师的话，我们可以谈谈。”

这段话虽然不长，但是我表达了几个意思：一是先肯定古丽是一个好姑娘；二是老师相信古丽这次的周记只是偶尔的情绪宣泄；三是老师是她可靠的听众。一般来说，学生收到这样的信号就会主动找老师来谈话。

但是一天、两天过去了，她还是没有动静。正当我犹豫是否主动找古丽谈话的时候，我的办公桌上放了一本周记。这个本子我太熟悉了，正是古丽的周记本。我迫不及待地打开本子，本子上写着这样一段话：“乐观只是假象，开朗也是误解。我本就是一个心中充满寒凉的人。来到新的环境我本想改变自己，却发现根本不行。一个被世界抛弃的人活着还有什么意思呢？我这两天一直在犹豫要不要找您谈谈，可是最后我还是担心面对您的时候会不知所措，进而无法表达自己。于是我决定还是用周记的方式跟您说比较好。”

这段话写得很隐晦，我无法找到她厌世的具体原因。但是她愿意用周记的方式跟我沟通，也算是一个不小的进步吧。我想只要我有耐心，肯定能找到帮助她的方法。

教育之方

我确定了与古丽的沟通渠道，那就是周记本。既然她怕难为情，不愿意跟我当面谈，那么我就跟她用文字交流。于是我又在她的周记本上写下了这样一段话：“老师没有想到，小小年纪的你竟然隐藏得这么深，如果说过去我对你不是很了解的话，那么从现在开始，我非常希望你能打开心扉，让老师去了解真实的你。没有人会被世界抛弃，除非是自己抛弃自己。你身边有很多爱你的人，比如你的妈妈、你的同学，还有我。”

学生由于心智还处于发育阶段，世界观、价值观也正在建立，这个时候的他们很容易钻牛角尖，因为一点小事就否定一切。古丽因为父亲离世、母亲改嫁就偏激地认为自己被世界抛弃了。面对这种情况，我们要引导她换个角度想问题，发现其实身边处处都有爱。

果然，古丽给我的回信这样写道：“老师，谢谢您的爱，这让我感到一丝温暖。可是当我看到别的同学给父母打电话时那撒娇幸福的样子，我就恨不得去死。为什么我的妈妈从来不那么温柔地对待我？甚至如果不是我打电话，她连个电话都不给我打。没有妈妈的爱，活着有什么意思呢？”

我回信：“不同的妈妈，表现爱的方式是不同的，有的外露，有的含蓄。孩子是母亲怀胎十月生下的骨肉，哪有不爱自己孩子的妈妈呢？我觉得你的妈妈很爱你呀。她经常给我打电话，跟我了解你在学校的情况，只是她害怕影响你的学习，让我不要告诉你而已。”

古丽回信：“谢谢老师告诉我这些。可是我觉得我妈妈爱继父的孩子胜过爱我。这个情况我一直没好意思跟老师说。其实我爸爸很早去世，妈妈又找了现在的继父。我妈妈整天为这个家操持，根本没有心思管我。就是跟她赌气我才考的内地新疆班，想远远地离开她。”

我回信：“孩子，有时我们学着换个角度想问题也许会豁然开朗。从你的文字中我感觉到你总是在强调你觉得怎样，可是你从来没有站在妈妈的角度想过。其实妈妈比你苦多了。她年纪轻轻没了老公，这是一种莫大的打击。为了生活，她再嫁，可是不但不能享福反而拖累更大。如果有一个理解她的女儿，也许她会好过些，可是自己的亲生女儿却处处与自己作对。如果说照顾负担沉重的家庭是身体的疲惫的话，那么女儿带给她的则是心灵的伤害。如果这些痛苦有地方倾诉也好，可是偏偏所有的这些她只能压在心底。这样的女人真苦，而这样的女人也真伟大。”

古丽回信：“老师，你的话真是让我醍醐灌顶。我会努力做个懂事的好女儿。可是我希望老师能够继续跟我保持这种文字的交流。有您的开导，我想在未来的路上我就什么都不怕了。”

我回信：“我很愿意当你的知心大姐姐。”

于是这种用周记交流的方式就一直持续着。到她考上上海商学院，我们的文字也已经写满一本厚厚的周记本。

最后，她在毕业时写给我的一段话是："老师，没有您，就没有我的今天。谢谢您给了我比大学录取通知书更珍贵的一笔巨大财富。"

方法提升

很多时候，我们对学生了解不够，是因为无法一一和他们面对面地长时间交流，无法知道他们的所需。如果把教育当成一种服务的话，我们当老师的对顾客不了解，服务便不能到位，服务质量会有欠缺，顾客评价也就不高。如何更有效地与学生交流，更有效地把握学生的思想动向，是班级教学工作成功的关键。

有些话，面对面地说，可能会因为语气和语势的不恰当而引起矛盾。有些话，用文字表达比用语言表达更容易让人接受。一些不敢说或者不方便说的话，我们可以让学生通过周记的方式传达给老师。

一、利用周记，了解学生的思想动态

苏联教育家苏霍姆林斯基说过："不了解孩子，不了解他的智力发展、思维、兴趣、爱好、才能、禀赋、倾向，就谈不上教育。"这就是说，要教育学生就必须全面了解和深入研究学生。对学生的思想和心理缺乏全面的了解，对学生的问题和产生的背景不作深入的分析研究，往往是导致教育工作失败和效果不佳的重要原因。

了解学生的方法有多种，包括查阅学生档案、与学生谈心、家访等，而利用周记来了解学生，亦是一种较好的方法。因为，学生在周记的字里行间，往往会直接或间接地流露出自己的思想观点和倾向性。班主任可以从中找出做学生思想工作的课题，及时地发现问题，寻求解决问题的途径，从而把问题消灭在萌芽状

态，起到事半功倍的教育效果。

比如，我班上的一个女生家庭条件优越，但是父母平时忙于工作而忽略了她的情感需要。于是她为了引起父母的注意就大手大脚地花钱。从她的周记里发现这种情况以后，我在周记中告诉她父母赚钱的辛苦和父母辛苦挣钱的目的，像朋友一样引导她理解父母的不容易。同时，我跟她的家长联系，让他们在工作之余别忘了多关心孩子。在这样她写我评的过程中，她慢慢改变了大手大脚乱花钱的行为。可以说，正是周记，让我们班主任的“谈心”工作更加有的放矢。

二、利用周记，教会学生换位思维

换位思维是站在他人的角度来思考问题、分析问题和解决问题的一种思维方式。将换位思维运用到日常生活的人际交往中，能促进人与人之间思想、情感上的沟通，有效地防范和化解一些矛盾冲突。

例如，第二次世界大战期间，美国空军与降落伞制造商之间发生了矛盾。当时，降落伞的合格率已经提升到99.9%，军方则要求合格率必须达到100%。对此，厂商认为任何产品都不可能达到100%的合格率，除非出现奇迹。这就意味着每一千个伞兵中，会有一个因跳伞而丧命。后来，军方改变质量检查的方法：从前一周交货的降落伞中，随机挑出一个，让厂商负责人穿上，亲自从飞机上跳下。这个方法实施后，奇迹出现了：不合格率立刻变成了零。这是因为厂商负责人不仅亲身经历了伞兵所处的危险境遇，真切体会了不合格的降落伞对伞兵的生命所构成的威胁，而且真正了解了不合格降落伞的主要问题所在。这样，他既有了改良产品的动力，又准确找到了产品需要改良的地方，自然能创造奇迹。美国空军巧妙地运用换位思维，轻而易举就解决了难题。

然而，如今社会大部分孩子都是独生子女，六个大人宠着一个孩子。孩子们习惯了以自我为中心，遇到问题只会单方面地从自己的角度思考问题，以致在青春期遇到问题时茫然而痛苦。

碍于过强的自尊心，学生又不愿意把这些心事与家人和老师诉说。这时就需要我们为人师者长一双慧眼，及时发现学生的不良情绪，然后用周记的方式消除学生的尴尬，教会他换位思考，从而打开心结，走出迷途。

三、利用周记，帮助学生建立正确的人生观、价值观

中学生心理发育尚不成熟，好奇心重，对一些事情的看法不全面，尚未形成正确的人生观和世界观，有时在周记里会流露出心理和思想觉悟上的缺陷，老师可以及时发现并帮助他们改正。

一次，小克在他的周记中写了自己一次外出乘坐公交车时，看到有人偷钱包的事。当时他内心里非常矛盾，告诉被偷的人，害怕被人报复，不告诉呢，又觉得良心不安。在犹豫的过程中，他到站下车了。可是这件事在他的心中总是挥之不去，他很是苦恼，希望老师能告诉他该怎么办。

这时，老师就必须旗帜鲜明地告诉他什么是对的，什么是错的，不能含糊其辞，否则将不利于学生正确价值观的建立。

四、利用周记，不失时机地激励学生

教师对学生的期望会在学生心理上产生巨大的影响。教师以积极的态度期望学生，学生就可能朝着积极的方向改进。

因此，有效地激励学生的积极性，最大限度地发挥每个学生的聪明才智，既是班级管理的需要，也是学生心理健康教育的一

项重要内容。而利用周记，根据不同阶段的具体情况，不失时机地对学生进行激励，是调动学生积极性的一种方法。如经过暑假的休息，很多同学在9月份刚开学的时候一时难进入学习状态。针对学生人在心散的情况，我让学生在周记中制订新学期的计划，并且告诉他们“良好的开端是成功的一半”，“新学期，新气象，我们要有新的目标，要有新的行动，要取得新的成绩”，激发学生的上进心，增强学生的自信心。哪怕是他们取得了一点小小的进步，我都鼓励他们，指出“一分耕耘，一分收获，努力不会白费”，同时应“再接再厉，更上层楼”，为取得更好的成绩而继续努力奋斗。

这样，通过灵活运用周记，不断地激励学生，使整个班级始终保持一种积极向上的良好班风。

五、利用周记，给学生宣泄不良情绪的机会

我教的新疆预科班的学生处于童年向少年的过渡时期，他们小小年纪就离开家乡和父母，独自在外求学，在学习和思想上难免会出现这样那样的不良情绪。这些情绪如不能及时宣泄，长期积累很容易造成一些心理问题。写周记，则可以让学生及时释放过重的学习压力，反映生活中遇到的难题，解开心理和思想上的困惑，等等。

比如每次大型考试前后我都会让学生写篇周记。在考前的周记中，学生往往会反映学习压力大，考试紧张等问题；在考后的周记中，学生则往往反映考试的成败得失等。针对这些问题，老师可以利用周记的批语对症下药，化解学生在考试前后遇到的种种问题。

再比如，刚入学不久，一位同学在周记里写道：“在新疆时我是班级的佼佼者，是老师和同学关注的焦点，可现在，我觉得

自己很失落，班上的同学都很厉害，我虽然很努力，可英语成绩却总是跟不上！我苦恼极了，都想放弃英语了……”该同学性格内向，由于不能适应在新的班级的学习而产生了自卑情绪。了解了这种情况后，在她的周记本上，我告诉她这种具有竞争力的环境更有利于一个人的进步，并帮她分析了广州英语教材和新疆英语教材的异同。我还请英语老师指导她英语的学习方法，并安排班级的英语课代表和她结对子，鼓励她树立自信，持之以恒。慢慢地，该同学逐渐找回了学习英语的信心，英语成绩与开学时相比有了很大的进步。

通过周记与学生进行思想和心灵的交流，可以更好地解决教育如何最大限度地面向全体学生的问题。班主任批阅一次周记，实际上就与每一位同学进行一次思想交流，对每一位学生进行心理健康教育。这恐怕是其他形式所不能达到的效果。

拿出你的诚心与耐心，真诚地在周记中和你亲爱的学生进行心与心的交流吧！你花掉的仅是批阅一次周记的时间，收获的却是学生的理解与信赖！你付出的仅仅是一点精力和真情，却能找寻到与学生心灵沟通的桥梁！

（张　萍　广东省广州市禺山高级中学）

智慧 14

用情感动态化原则，呵护孩子的朦胧情愫

案例呈现

有同学管她叫大嫂

学生婷婷跑过来神秘地告诉我：“老师，您知道吗，我们班有早恋的同学了。”我故作轻松对她说：“小孩子，思想不要那么复杂，男女生正常交往，没什么大不了的，不要给人家乱扣帽子。”看到我毫不在意，她有些急了：“老师，真的啊，同学们都说华华和恒要好，甚至有同学都管华华叫大嫂呢。”

初始判断

听到“甚至有同学都管华华叫大嫂呢”，我感觉到问题的严重性，想了解一下，不过我嘴里还是说道：“这事说给我听就行了，可不要在同学们面前瞎嚷嚷，毕竟每一个人都有隐私，即使真有这样的事，我们也不能背后论人是非，分裂同学间的友谊。”婷婷说：“老师，明白了，坚决不在同学们面前提这事。”

一开始，我并没有找当事人谈话，只是留意了这两个孩子的举动。

下课时，华华只与恒和一个叫彬的男同学一起追逐打闹。他们从前门跑到后门，或者从门里追出门外。华华并不介意没有女伴。但同学们看他们的表情却是耐人寻味的。怪不得有同学会叫她大嫂。原来，他们确实走得近。

趁组建学习小组，我重新安排了座位。我有意把华华与恒的位置拉开了。因为恒上课注意力总是不能集中，我就把他调到了边上的第一位。与华华同桌的男生竟然找到我说："老师，我不想跟华华同桌，怕被人打。"我乐了，这是个可爱的小男生，说话直来直去。他的话足以反映出华华与恒的关系密切到让同学们有了风言风语。我对他说："你就大胆地坐在那儿，没有人会打你的。"

通过一段时间的观察，我已经初步得到了结论：

华华对恒产生了朦胧的情愫，因此，才不怕同学们的风言风语，甚至还心中窃喜有机会与对方联系在一起。华华时刻盼望着与对方在一起。这种情感只是一种喜欢，处在恋爱的懵懂期，也就是互相有好感的阶段。事情还没有发展到那么严重。

怎么处理这事呢？

教育之方

一、走近学生，引导学生给现有的情感定位

这天，华华迟交了作业，自己来到我办公室送作业，我借机挽留住她，与她闲聊。我先表扬了她最近作业写得不错，课堂上表现也挺好。她听了很高兴，于是，滔滔不绝地诉说起来："老师，我觉得我们班一些同学好无聊啊，总说我与某个男同学怎么怎么样，才不是她们想的那个样，我就是喜欢与男同学一块玩，我不喜欢与女同学玩，女同学个个小心眼。我与男同学一块玩，

那些女同学就说我跟谁谁怎么样了。真无聊，我不理，我就做我自己。”看到她直接把话题说到了我关心的问题上，我赶快肯定了她一下：“你的心态很好，对于个别同学的不当言论，你完全可以不必在意，我也会针对这件事，在班级里强调一下，让同学们正确看待男女同学的友谊，不要去想小学生不该想的问题。不过呢，我也提醒你一下，跟男同学相处，也要注意一下分寸，如不能跑动追逐啊，不能打打闹闹啊，毕竟男女还是有别的是吧？”她点头称是。我继续说：“如果同学们有什么不当的言论，你可以说给我听，也可以通过写心语的形式跟我交流。”

二、通过活动引领，让学生现有的情感朝良性方向发展

答应了华华在班里要强调一下男女生交往的问题，我就决定利用班会来讲。于是，在班会时间，我讲了有关成长的话题。

我说：“同学们，现在你们已经六年级了，都懂得了感恩，懂得了责任。我印象最深的是我读的豪豪的日记，他写到六一那天，爸爸带领一家人去欢乐谷游玩，全家人玩得非常开心。他最后写道：‘等我长大了，也要当这样的爸爸，让我的孩子过得这样快乐。’”同学们静静地听我讲述。

“同学们，将来你们都会长大，成家，立业，有自己的孩子，你们也要承担起父辈肩上的责任：在家庭中，上要照顾老人，下要抚养子女；在社会中，要有一份自己赖以生存的工作，对国家履行一个公民应尽的义务。我们的民族就是这样生生不息的。现在你们是小学生，你们的责任，就是学习，可不是过早地想着成家立业哦。”听到这里，有部分同学笑了。我继续说：“最近我听说个别同学爱说某某女同学、某某男同学如何如何了，这样的思想和行为不适合我们现在的年龄，这样的话说出来无益。因为现在小学生的任务就是学习，丰富自己的知识和培养自己的品德，

用学习为自己创造一个美好的将来。说别人怎么样的同学，既伤害了同学的情谊，也让别人感觉到你的过早成熟。想想，你现在急也白急啊，因为你既养不活自己，更养不起子女。当你长大了，有了职业，什么恋爱、结婚、生子，都是人生必经之路。到了年龄，你不急，别人也会替你急的。我下回可要看看我们班，哪些同学成天把这些谁谁喜欢谁了挂在嘴上。如果你急，我可以跟你家长商量一下，帮你解决一下这个问题。”听到这里，同学们都笑了，我也笑了。我又郑重地提醒道：“以后类似的不当言论，请某些同学就不要说出口了。”

班会结束后，再没听华华抱怨过同学们说什么了。这件事对于华华似乎过去了。她的心语本里再没写过因为同学的话不开心的情况。

对于我来说，处理这个问题只是刚刚开始。虽然华华在我面前信誓旦旦地说，她与恒没什么，可是我却从她的神态里看到了她对恒特别的好感。她关注着恒的一举一动，目光不自觉地瞟着恒座位的方向，甚至站队也忘记了向前看，而总是关注着他那边的动静。我知道，她是陷入了对恒的朦胧的情愫里。

三、请求家长配合，一起面对孩子的情感萌芽

华华妈妈的一个电话给了我和她妈妈沟通的机会。她妈妈是想请求我给华华调位的。原来，她女儿想往前调位，调到恒那里，可是又不好明说，就缠着她妈妈说她看不见黑板，让她妈妈给我打电话，说调位。而我正好借这个机会，跟她妈妈沟通了一下。我问她妈妈：“你知道你女儿要调到哪个位置不？”她妈妈说不知道。我告诉她：“你女儿最近跟班里的一个男同学走得挺近，她说看不清黑板什么的我认为就是借口，你这个当妈妈的要了解一下女儿到底在想些什么了。”她妈妈马上接话道：“怪不得最近

她总打电话，一聊就聊半天。她的日记现在也藏起来不给我看了。”我告诉她妈妈：“这一切都说明孩子长大了，是孩子长大的标志。作为家长，你要接受孩子的变化，关注孩子的变化，但不要惊动孩子，也不要把我们今天通话的内容向孩子透露。我们只需要关注，帮助孩子平安地度过这段心理萌动期就行了。”她妈妈告诉我，孩子周末也不外出，不与同学结伴玩。我听到这些，心里更有底了。

于是，她请求调位的事我满足了她，不过我没安排她与恒同桌。华华也不再提什么要求了。

四、给情感找到正确的归宿

我加大了对华华的表扬力度。从她在家里的良好表现（听她妈妈讲的），到她的作业书写，再到她的日记反映出来的小事，我尽可能地挖掘她的优秀品质，如孝顺、好学、自律、文明等。表扬她的同时，我也注重表扬同样优秀的同学，特别是班级里的男生，我把那些平时优秀的男生都夸成一朵花了。男生恒，在这种情况下就相形见绌了。因为恒本来论学习，论成绩，论作业，论劳动，样样都不是佼佼者，唯独体育好些，可是现在没有运动会，也轮不到他一展英姿了。虽说我也关注默默无闻的恒，但恒的平凡终归掩盖在众多优秀的男生之中了。

课下，华华有了新朋友，因为我把她的同桌换成了开朗的女生。她有了谈天说地的对象，下课便很少跟男生追逐打闹了。

于是，慢慢地，我发现，华华不再特别关注恒了。她逐渐有了自己的朋友圈，下课与女生一块说说笑笑。她的朋友圈子扩大了。

那天，我又装作随意地与她闲聊起来。这次华华讲到她与恒、彬幼儿园就在一起，又一起小学六年，她不舍得跟同学分开。我对她说：“人不可能一生只那几个同学，现在你有小学同学，将来上了初中、高中、大学，直至走上工作岗位，会有许多朋友。朋友在于志趣相投，只要是好朋友，永远也不会断了联系的。今后，你还会交到更多的知心朋友。”她听了不说话，好像在憧憬着以后的美好场景。

她不再关注恒的一举一动了。

关于她内心有过萌动的事，我一句也没有跟她提起过，自始至终，我都明确表态：她与男同学的交往是正常的男女生交往。在平时的班会活动中，我也跟同学们笑谈过恋爱的有关问题，我说那是人到了一定年龄段的产物，到了年龄不恋爱是不正常的，只是现在不适合小学生。在这样的轻松交流中，华华的爱恋之花没等开花就自然凋谢了。那颗曾经驿动的心，终于回归了平静。

方法提升

许多老师一听学生“早恋”，就神经紧绷。其实，从心理学的角度而言，这是人情感成长过程中必经的阶段，大可不必如临大敌。

即将步入青春期的女孩子，对同性朋友的情感需求超过了对父母的情感需求。此时，孩子对异性的情感需求排在对同性朋友和父母的情感需求后面。尤其是男青少年，对同性朋友的情感需求比较强烈。而随着年龄的增长，女青少年对父母的情感需求越来越多，相比较，男青年对父母的情感需求反而呈下降趋势。掌握了这一年龄段孩子的情感发育特点，老师就可以根据男女生的不同特点，引领学生度过情感的懵懂期，为以后的健康成长打好基础。

本案例中的男生女生，只是到了有朦胧的好感、情窦初开的年纪。此时教师的不作为或者乱作为，都会给孩子错误的导向，引起教育的失败。此年龄段的孩子，更多地需要同性朋友的互助。没有同性同伴，孩子才会从异性朋友中寻找。而老师所要做的，就是给孩子的情感找到出处，帮助她找到同性朋友，找到自己的精神力量，让孩子的情感在与同性同伴的互助中得到巩固与提升。

因为在同伴中没有朋友，华华才选择了找男生恒玩耍。受外界环境的影响，她不禁想入非非，而始终，男生是后知后觉的。这一切更多的是女生华华的独角戏。当华华的情感投入到恒身上，想在恒身上获得关注与温暖时，我及时给华华提供了新的情感出处，让更多的同学关注她，让她在同性中有了伙伴，于是她的情感发生了转移。

她与恒的交往，我始终将其看成正常的男女生交往。我通过个别交流谈话，让她自己给自己的情感定位在比较要好的同学关系上。华华的情感在同伴中获得互助与支持时，优秀的她，自然而然地就去关注更广阔的世界了。于是，曾经的驿动烟消云散了。

一段感情的萌生，总有它存在的道理。作为老师，我们只能理解，理解青春年少，理解那颗驿动的心是少年独有的烦恼。我们唯一能做的就是疏导，让这段情感找到应得的归宿，而不是简单粗暴地扼杀它。如果处理不当，会烧毁孩子的学习热情，造成其人际交往的失败，从而影响孩子的健康成长。

掩卷沉思，青少年处于思想的成熟期，情感的不稳定期，他们对新鲜事物比较容易感兴趣。面对情窦初开，为了孩子，就让那份情感“动”一会儿吧！

（欧阳利杰　广东省深圳市荣根学校）

智慧 15

尊重学生的被需要感，让自私散发正能量

案例呈现

他把生意做到了同学中间

小伟又拿着淘宝册用三寸不烂之舌兜售东西了。早在高一，他就在淘宝网上帮同学买东西赚取中间费，甚至还兜售到老师那里。

我的办公桌上每天都会有包裹，都是小伟替同学买的。

初次判断

我提醒过小伟：一是，不能因为赚点小钱儿伤害同学感情；二是，老兜售东西，既影响自己学习，也影响别人学习。他翻着白眼对我说："人不为己，天诛地灭，人都是自私的，他们愿意让我赚这钱。"然后我的话他一句也没听进去。

好一个"人不为己，天诛地灭"！他为自己的自私找了个屏障，且心安理得。大家戏称他"淘宝是我家"，他也欣然接受！

我希望班级里孩子的交往是真诚的，而不是带有铜臭味的；我希望孩子的相处是和睦的，而不是心存戒心的。可是小伟一副

“我就自私，怎么了？”的架势。

读懂过程

为什么会这样？我试着就网购一事打电话给他妈妈。他妈妈也是一肚子埋怨：“怎么，还寄到学校去了？家里天天都有他的包裹，我们都被他烦死了。他一进家门就捣鼓电脑，然后买一堆东西。去年‘母亲节’他还给我买过化妆品，让我保养皮肤。这孩子就是爱上网。我们经常出差，他是外婆带大的，现在这上网的毛病就是他外婆惯出来的。你看那眼镜，都一千多度了……”

通过多方面的了解，我对小伟有了一个大致的了解：上网有瘾，网购有瘾，感情细腻，爱美。男生说他娘娘腔，不喜欢和他在一起。他生性敏感，极易和男生生气，也融不进男生行列，没有什么朋友。家里多是外婆当家，母亲和父亲常年出差，隔代教育让小伟过多地关注自己，不体谅周围人。加之，他成绩一向不大突出，得不到同学和老师的足够肯定与赞扬，所以一直感受不到自身的存在价值。

教育之方

要想改变他“人不为己，天诛地灭”的自私想法，我得试图让他融进班集体，认识到自身在集体里的重要性。有这样一个故事。

一家公司业绩很不理想，老板特别烦恼，向好友求教。原来车间里的几个员工上班极爱聊天，结果产出的次品多；干销售的员工，推销不出去产品；有的员工挑三拣四。他的好朋友了解了情况后，提出建议：用人要善用人长。员工爱聊天说明其社交能力强，让他去干推销；干销售的性格内向，擅作实事，让他去干技术活；挑三拣四的员工让他做质量监督。老板听了好友的建议，公司的业绩果真越来越好。

其实，教育学生亦是如此。小伟不是爱上网吗？我尝试让他做班级的网络管理员。

小伟刚开始不乐意。做网络管理员需要热心，对于一向标榜“人不为己，天诛地灭”的他，这简直就是撕破他做好的茧。不过，在我再三邀请之下，他勉强就任这一职务。没想到，这自称自私的孩子工作劲头极高，时常提前询问老师是否要用投影。电脑遇到一些常见的毛病，他三下五除二就能解决。老师、同学对他的工作赞不绝口。

他为班级服务的积极性上来了，却也有一个问题：中午、放学后、晚自习后，他总会在电脑上玩半个小时，甚至连吃饭都顾不上。我想到了一句俗语：猫脑袋上挂干鱼——白搭。这善用其长的做法却给他提供了用电脑的方便，大过网瘾。

期中考试，他成绩没有多大提升，还是在班级里倒数。我找他来谈话。

他黑黑的脸也没了往日的神气：“其实我知道为什么没考好。”

“为什么呢？说给我听听，看我能帮你做些什么。”我笑道。

“我在班上做网络管理员，挺开心的，感觉自己受重视。但是我爱上网，课后老师你都抓到了我好几次。我知道这毛病害我，可是——”

“可是控制不了，是吧？”我接过话茬。

“对对对！”他点头应道。

“手里有钥匙，想上网随时都可以上，没人管自己，比在家里还方便。”我继续说道。

他摸摸后脑勺，闷闷笑着直点头。

“这不怪你，是覃老师的错。”我检讨道。其实，我想通过将问题往自己身上揽，好欲擒故纵。

“是我自己控制力不强，怎么能怪老师你呢？”小伟极力辩解。呵呵，小伟“上钩”了。

“是老师的错，老师安排你做网络管理员，可你爱上网，就好比让一只猫去保护鱼缸里的金鱼，让一只小狗看护骨头。这不是老师的错吗？”我继续检讨道。

小伟没吭声，我知道他在思考我说的话。

“亡羊补牢——为时未晚。既然这是老师的错，老师纠正还来得及。”我停了下来，看了一下小伟的表情，他脸色微红，有些羞愧之色。

“你觉着老师怎么纠正比较好呢？”我将这“烫手山芋”扔给了小伟。

小伟沉思好一会儿，我看得出他内心的纠结，他知道，只有交出网络管理的钥匙，才能让自己变得有自制力。

他狠命地咬着嘴唇，猛地一点头。我知道他已经下定决心。

“老师，我还是交出钥匙吧，由其他同学担任网络管理员。”我点点头，心里长舒了一口气。

“你交出钥匙，不再负责网络管理的具体事务，但请你出任一个新的职务。”

“什么职务？”他不由得好奇地问道。

“一个更高的职务——网络总管。职责就是，班级活动所需的幻灯片均由你制作，并对网络管理员进行技术指导。”

小伟的愁眉又舒展开了。

同时，为了有效发挥小伟的长处，我动员生活部邀请他加入才成立的创意生日智囊团。

这就是小伟为小凡设计的“创意生日”。

小凡过生日了！他的桌子、凳子上堆满了粉红色的气球。幻灯片里还有动漫配音："今天，你死定了，我们在气球里放了'炸弹'，不信，你试试看！如果你想安心上课的话，请按顺序挤爆气球。"小凡挤爆第一个气球，马上听见卡通声："呵呵，是送给你的篮球，不过是'假'的。"挤爆第二个："呵呵，是什么？砖头。谁送的？太不地道哦！"挤爆第三个："哈哈——祝你生日快乐哟！"大家跟着唱起了生日歌。屏幕显示："还有一些气球，你就慢慢挤吧。"

这个创意很有意思，得到了同学们的一致认可，不少同学过生日点名要小伟做创意呢。

"圣诞节的戏剧人生"的开场动画、运动会的表彰幻灯片、爱心募捐活动的感人动画，甚至我外出讲座的班级活动掠影短片，都是小伟制作的。可以说，小伟不再受网瘾困扰，学习劲头足了，参与班级活动更积极了。

慢慢地，小伟已经不再是学习邋遢，一天到晚兜售东西，以"人不为己，天诛地灭"为人生信条的那个小伟了。

同学们时常和他开玩笑："你不是说'人不为己，天诛地灭'吗？"他会摇着头很认真地说："那是以前的事了，现在是帮助同学，快乐自己。"现在小伟已经考上大学，学习的专业就是电脑程序编辑专业。

方法提升

小伟的自私是过分看重金钱，萍萍的自私则是将自己的责任和过错推卸给他人，让他人来承担。

我们班的萍萍因为母亲叫她起床起晚了，就和妈妈大吵大闹，赖在家里不肯来上学，第二天来校后还和我振振有词地说，这是她母亲的责任和过错。将自己的责任推卸给他人，自己的过错让他人来承担，也是一种自私的表现。

马斯洛的需求层次理论认为一个人的需求分三个阶段五个层次：初级阶段的生理和安全需求，中级阶段的归属和尊重需求，高级阶段的自我实现需求。一个人不能仅仅满足于物质需求，满足于安全需求，还需要有更高层次的需求，那就是归属和尊重需求。怎么引导学生从低级的需求上升到高一级的需求呢?

一、肯定学生的正面动机

心理学研究表明，任何行为的背后都有一个正面的动机，行为、情绪、思想都可能有错误，但动机一定是正面的。根据马斯洛的需求理论，我们可以洞察到学生自私行为的背后其实有渴望被认可、被需要的正面动机。根据人性理论分析，学生认为的自私自然有其合理的一面，学生坚持自私的观点，目的就是证明自己观点的正确性。如果只讨论自私的对和错，是很难解决问题的，也难以说服学生。因为道理有两面性，公说公有理，婆说婆有理，只要学生追问“老师就没有自私的行为吗”，就会让老师陷入两难境界。哪个老师敢肯定说自己从来没有自私过呢?

在问题层面上解决问题是很难奏效的。于是面对问题，老师应该跳出简单的对和错的思维，从更高的角度分析问题。老师在肯定学生的正面动机后，再引导学生分析实现动机的其他方式，转移讨论的方向。

二、辩证认识自私的行为

要让学生认识到自私也是人的一种常态，以免小伟这样的学生“破罐子破摔”，把“自私”作为挡箭牌。要让同学的心态归于平常，且不对其另眼相看。

于是我在班上开展了关于利人利己的讨论。

“损人利己的人是什么人?”

学生说:“这种人肯定不好。”

我笑着说:“其实人生来就是自私的,我们饿了就要吃的,吃不饱甚至想吃掉爸妈的那一份。由此可见,损人利己的人就是常人,我们可以理解。但有一种人让人不能理解,那就是损人不利己之人。”

“这种人有吗?”有学生质疑。

“你想想我们生活中有没有类似的现象。”

学生一下子举出不少实例,如在课堂上吵闹、乱丢纸屑等都是损人不利己的行为。

“那这种人是什么人呢?”我问。

学生马上判断说:“这种人是愚人,我们鄙视。”

学生继续判断:“不损人利己之人是有一定道德准则的人,值得肯定。毫不利己、专门利人之人,像白求恩、雷锋、焦裕禄等,是时代的英雄,值得我们赞扬。双赢的方式,利人利己,也就是让别人因自己的存在而幸福,从而获得最大的互惠互利。”

我也将学生的讨论板书在黑板上。我追问道:“那这么看来,我们大多是普通人,成为英雄不大可能。试想,我们可以成为哪一种人?”

学生们七嘴八舌地说,至少要做不损人利己的人,争取做一个利人利己的人。

经过这样一次关于利人利己的人格发展讨论后,我发现往日标榜“人不为己,天诛地灭”的小伟说这句口头禅的次数明显少了。像小伟这样的孩子,也开始知道自私并不是坏事,起码自己的人格还可以提升为不损人利己甚至利人利己。

三、承担责任，满足被认可的需要

让每个人都参与班级管理，开展“让别人因我的存在而幸福”“我做环保小卫士”“创意生日”等一系列活动，是培养孩子责任意识的行之有效的办法。就拿班级“创意生日”来说吧，过生日的孩子在班级这个家庭里感受着同学的温暖和存在的重要；想出创意的同学收获的是赞美声一片，获得了实现价值的心理满足。小伟加盟创意生日智囊团，他的创意得到了同学们的高度赞赏，他对班级活动显现出了极大的热情，并逐渐以帮助同学为乐。而且考上大学后他学习的就是电脑程序编辑专业，可以说让他在班级内发挥作用，并承担一定的责任，对他的人生发展也有着不小的影响。

萍萍这样的爱推卸责任的孩子，渐渐意识到自己的事情应该由自己负责，与父母的关系也得到了极大的改善。她不再对家人和同学吹毛求疵，甚至面对问题时也不再为自己找借口，学会了自己承担和自己去面对。

像小伟、萍萍这样以“自我中心”的同学，慢慢融入了班集体，参与班级的各项活动，并在责任承担中在感受到自己的重要性，实现了自身的价值。

因此，我们不要轻易给学生的品格贴上负面的标签，应该充分认识到其行为背后的正面动机，利用学生渴望被需要的内心需求，通过转换方式给学生适当的承担责任的机会。这样就巧妙地把学生的负能量转化为正能量，使其为班级多作贡献，同时也成就了学生的成长。这样的教育才是真正为学生的成长负责的教育。而一味地用自己的价值观来扭转学生的认识，只能增加学生的逆反心理，把学生往错误的方向上推。

（覃丽兰　湖南省怀化市怀铁一中）

智慧 16

改变信念系统，让苦难成为人生的财富

案例呈现

一个爱哭诉的男孩

刚接手做阿祖的班主任，就有同事告诉我他是个父母双亡的苦孩子，姐姐在外地读书，只有忙碌的舅舅或年迈的姑姑会偶尔过来看一下他。很快，这个可怜的孩子，就不止一次找到我讲述他的“苦难故事”，而且往往讲着讲着就会哭得稀里哗啦。看到他在我面前号啕大哭，我这个“老班主任”一开始真有点手足无措。说实话，对这个可怜的孩子，我心中充满怜悯，但在听他多次讲述，且几乎每次都是泪眼滂沱之后，我隐隐觉得这个爱哭的苦孩子有点太脆弱，身上缺乏一种男子汉气概。

初始判断

阿祖对电脑非常痴迷，也可以说他在电脑方面很有天赋。不过电脑方面的天赋也没有给这个孩子带来多少自信，他明显有点自卑和懦弱。比如，他不会主动和其他同学接近，以至于他在班里几乎没有一个朋友。班里的其他电脑爱好者也对他敬而远之，觉得他“不好玩”。

一个星期天的傍晚，本该是学生返校的时候，我忽然接到阿祖的电话，他一句“老师我要请假”之后就是一阵号啕大哭，继而挂掉电话。我再拨过去，他却一直泣不成声，不能给个让我放心甚至释怀的表现或理由，这让我担心不已。等我费尽周折，联系上他的姑姑后，得到的却只是“他姐姐回来了，可能是姐弟俩吵架了”的解释。第二天，阿祖来学校了，我得到的解释和他姑姑说的差不多。我意识到这个经历了比同龄人多得多苦难的学生，并没有从中学会坚强，反而在苦难中降低了自我价值。这种感觉会逐渐形成限制性信念，左右他对外界行为的判断。

教育之方

根据上述分析判断，阿祖可能“根深蒂固”地认为自己就是个“倒霉蛋”。有了这样的心理，脆弱、自卑就很正常了。只有帮他摆脱这种心理，他才可能成为坚强、自尊的男子汉。

一、认识：不论经历多少苦难，都不该选择懦弱

我问阿祖：“你听说过巴尔扎克吗?”

他点了点头。

“想和你分享巴尔扎克的一句名言，不知你听过没有。”

他稍稍抬了下头，眨着眼睛看着我。

“是‘苦难，强者的晋身之阶，弱者的无底深渊’。”

他小声说“没听过”，继而又低下了头。

“能懂吗?”

“能。”

“那你认为，你经历的这些苦难对于你是‘晋身之阶’，还是‘无底深渊’?”

他敏感地抬起头，用闪烁的目光看看我，又马上低下头没出声。

“其实人们经历的苦难，对人都是有打击性的，大多数人都先是‘伤感’，继而‘迷惘’或‘消沉’。我也觉得这无可厚非。毕竟，苦难，只有经历过的人才能真正体会。”

他的眼角开始有泪光闪烁。

“不过，这样并不能改变已有的苦难。并且，也有人选择抹去眼泪，积极摆脱那些阴影，然后带着苦难打磨的坚强去赢得属于自己的天地。当然这些人是少数，不过我觉得苦难对他们来说却是‘晋身之阶’。如果让你选择，你想做哪种人呢？是前者吗？”

他若有所思地说：“应该做——后一种吧。”

“这样才是男子汉。你确实经历了比同龄人多得多的苦难，但这些已是无法再改变的了。我们无法改变命运，但我们可以改变自己的态度，对吗？”

“嗯。”他抬起头来，似乎在下定决心。

“不论经历过多少苦难、多少打击，我们都不应该选择懦弱、退却。因为那样，就是选择了陷入痛苦的‘无底深渊’。你会这样吗？”

“我？不——应该吧？”

“明智。不过这也是很困难的选择。你要挑战自己哟！同时这意味着你将困难作为磨刀石，把自己打磨得更加犀利、坚强。”

“我会的。”

我笑着说：“不过，很多事情往往是说来容易，做起来难。我想看到你用行为来证明，只有行动才能证明你真正的选择！”

他很认真地点了点头。

“和你分享一句广告：‘如果你知道你要去哪里，全世界都会给你让路！’让我看到你的选择，而不仅仅是说给我听，好吗？”

“我会努力的！”这是整个谈话中，他讲的最长的一句连贯的话了。

在之后的日子里，尽管我还是在阿祖的行为中，看到些许懦弱和迷惘，但也能时常看到他更明显的坚强的表现，甚至是硬生生的、刻意的“坚强”。我知道，他已经在有意识地改变自己了。

二、觉悟：积极、乐观，克服懦弱

一天在网上我看到“最美女孩”孟佩杰的事迹，突然觉得应该让阿祖也看看，看看这个比他还可怜的女孩子的故事。我知道，尽管孟佩杰的事情会对他有所触动，但故事来自网上，他可能会觉得离他太远了。我得多找些机会，引导他坚定自己的选择。

其实除了阿祖，我们班的阿芬同样是个可怜的孩子。父母离异后，她被判给爸爸，但爸爸根本没时间照顾她。而妈妈再婚后，在外地工作。要不是村里福利很好，她的生活费都可能成问题。我们完全可以想象，这个处于敏感期的女孩子心里经受的苦痛，而阿芬却表现出同龄人少有的坚强、自立。她把村里分给的福利钱省着花，每月都存一些，为自己将来读大学作准备。经阿芬同意后，我打算把她的故事讲给阿祖听。我去让阿祖在我的电脑上读了孟佩杰的故事。

“读完了吧？”

“嗯。”

“我很佩服她，你呢？”

阿祖显然听明白了我的话外之音。他没有出声，似乎略有所思。

“你觉得阿芬算活泼吗？”

“还可以吧。”

“其实阿芬也是个苦孩子。她爸妈离婚，妈妈去了外地，爸爸也没时间照顾她。她是靠村里每年分的‘红利’生活的。”

“啊?!”他睁大了眼睛，意外的表情写在脸上。

“我也很佩服她。一个女孩子，经历了那么多苦难却能够那么坚强，每天微笑着去面对生活。你佩服她吗?”

“佩——服。”

“还是那句话：我们无法改变命运，但我们可以改变自己的态度。我觉得你已经在努力改变了。相信你!”

“谢谢老师！我一定不会让您失望的!”

我想阿祖一定没想到阿芬那个乐观的小姑娘竟然坚强地承受了那么多的苦难。阿芬的故事，显然对阿祖很有触动，他明显话多了，表现得更加乐观，做事也主动了。阿祖真的变了!

三、行动：是展现你坚强的时候了

除了阿祖，我们班里还有很多同学都是“电脑高手”和“电脑迷”。学校要组建电脑兴趣小组，组织学生开展“青少年计算机表演赛”。我马上把这几个“电脑高手”召集起来，告诉他们这个比赛信息，鼓励他们组建我们班的参赛队，并承诺会尽力帮助他们。但我有个条件就是参赛队中必须有阿祖。听完我的话，这些“电脑高手”马上从最开始的兴奋、激动，变得有点忧虑。他们都佩服阿祖的电脑水平，但同时觉得阿祖有点“怪”。我鼓励他们说，要取得成功就要善于团结别人，善于和各种各样的人，特别是和有能力且可以团结的人打交道。阿祖，就是考验他们的试金石，考验他们团结人、调动人的能力以及他们对成功的渴望程度。很快，这些“电脑高手”就找到了阿祖并真诚地邀请他参加他们的兴趣小组。从开始的生涩到后来的默契配合，阿祖变得容易打交道，不再是闷着头自顾自的人。逐渐开朗的阿祖，在班里话多了。在我们班级组织的各项活动中，开始有了阿祖忙碌的身影。

尽管阿祖他们的兴趣小组的活动开展得轰轰烈烈，但并不一帆风顺。我从指导老师那里获悉，他们的设计遇到了瓶颈，处于停滞状态，而阿祖明显地萌生退意。我决定再和他聊聊。

“阿祖，今天我想做个猜猜猜的游戏。通过我的描述，你来猜出我描述的人是谁，好吗？”

“好的。”他应该没想到我竟然只是想和他玩个游戏，但还是饶有兴趣。

“我要你猜的是一位历史人物。他 9 岁时，年仅 34 岁的母亲不幸去世；22 岁时，经商失败；23 岁时，竞选州议员，但落选了，想进法学院学法律，没进去，工作也丢了；24 岁时，向朋友借钱经商，年底破产，接下来花了 16 年，才把这笔钱还清；26 岁时，订婚后即将结婚，未婚妻却病逝了；29 岁时，努力争取成为州议员的发言人，没有成功；31 岁时，争取成为被选举人，落选了；34 岁时，参加国会大选，又落选了；39 岁时，寻求国会议员连任，失败了；40 岁时，想在自己州内担任土地局局长，被拒绝了；45 岁时，竞选参议员，落选了；49 岁时，再度参选参议员，再度落选——”

“参加过国会、议员的选举，是位美国人？”

“聪明。你能猜出这位‘倒霉蛋’是谁吗？”我故意把“倒霉蛋”这三个字说得很重。

他似乎觉察到我的意图，问：“他做过总统吗？”

“不但做过，还是美国最伟大的总统之一。你想，有那么多次失败的历练，他一定意志坚强，不会被任何困难吓倒，不成为伟大人物才怪呢。”

“哦?”他已经明白我今天的意图了，“那他是——”

“我告诉你他是林肯，你会吃惊吗?”

“林肯?!”

“是啊。其实伟大人物，都是经历了很多艰难困苦历练的。那些苦难，让他们变得坚强——遇到困难时永不退缩，最终取得成功。”

“嗯。”

“听说你们兴趣小组遇到了困难，你有点做不下去了是吗?”

他一下子明白了我的意思：“放心，老师，我一定会努力坚持下去的，我们也一定会成功的。”

“其实我一直都相信你一定行的!”

“我懂，老师!”

当然，在指导老师的帮助下阿祖他们小组取得了突破；后来，我们班的参赛队果然取得了好成绩。

要放寒假了，阿祖来找我说，想利用假期做“假期工”，帮人维护或维修电脑。融入社会，参加实践，是对学校学习的有益补充。这是多么好的一件事啊。我立即表示支持，并主动给他印了一些广告，并积极帮他“揾工”。这件事让我感到阿祖变得坚强、主动多了。

一个学期过去了，阿祖由一个脆弱、自卑、不合群的孩子，变成了一个乐观、勇敢、坚韧的男孩。阿祖的变化真让我欣慰，也让我感受到做班主任的乐趣和成就感。

方法提升

改变认识才能改变行为。有一句话说得好：“我们不能改变过去的事实，但可以改变对事实的看法。”无数成功人士，当回忆起最初的苦难时，都会以一种炫耀的姿态来面对，因为这个时候再看曾经的苦难，它们都为眼前的成功增添了砝码，或者成为成功的点缀。处境变了，看苦难的态度也就变了。同样，如果能让身在苦难当中的学生，改变对生活的认识，他们也会把苦难变成成长的动力和财富。案例中，我就是改变了阿祖的认识，从而帮助他慢慢走出阴霾，获得阳光。

而改变学生认识的关键点是不断丰盛学生的思想蓝图，即信念系统。

一个人的信念系统决定着他的思想状态，思想决定着他对事件的感受（情绪），而感受左右着他的行为。阿祖一开始总是认为自己是不幸的，甚至认为大家看不起他，这样的思想让他极其自卑，于是在生活中表现得极其不自信。这样的行为又反过来强化他的思想，形成恶性循环。而当思想改变之后，情绪随之改变，行为也同样改变。这样的行为又反过来影响他的思想状态。

一个人习惯性的信念系统来自他对过去生活的体验。生活环境和生活经历以及自己在整个生命过程中的表现会左右一个人的信念系统，而这种信念系统反过来会影响他的感受（情绪），而感受会左右他的行为，并在一定的环境下影响他的表现。不同的表现就会产生不同的结果，结果又反过来影响人的信念系统。人的信念系统就是这样反复循环的。因此，如果旧的思想不改变或者自己的信念系统没有得到丰富，那么我们在日常工作中就会不断重复旧的做法，旧的做法又会得到旧的结果。

因此要丰富学生的信念系统，可以先改变学生的内心感受和情感体验。在这个过程中老师可以借助引导和类似的案例让学生获得另外的感受。俗话说，榜样的力量是无穷的。空洞的理论，很难让学生从内心接受，而身边的榜样会给他无穷的动力。案例中我就是很好地利用了本班学生的例子，让阿祖切实感受到深受苦难，却依然可以选择快乐，并且这样的快乐还会赢得大家的尊重。这样学生就会不自觉地反思自己的生活，也会在潜移默化中唤醒自我价值。

同时，我们应给学生一个成长的平台，改变学生的行为模式，让不同的结果反过来影响学生的信念系统。心理学告诉我们，重复过去的做法只会得到相同的结果。因此，要想真正改变学生的信念系统，丰盛学生的思想蓝图，可以有意识地给学生一个展示自我的舞台，让学生在舞台上获得成功。这份成功感会影响学生的内在感受，不良的心境自然会得到改善。案例中，我结合阿祖的"电脑特长"，组织兴趣小组并让他们参加比赛。这样的活动让阿祖证明了自己的价值——用事实说明了"我很重要，我能够给班级带来荣耀"。利用假期做"假期工"，帮人维护或维修电脑，融入社会，参加实践，也让阿祖的自我价值得到了更大的展示。舞台大了，心也就随之大了。观念改变了，命运便随之改变。

所以，真正的改变往往从成长开始。当学生找到自己的平台，在生活中展示自己的能力和活力，切实感受到成功的快乐时，其内心的感受就会得到彻底的改变。所以，教育自卑的学生的一个重要途径就是给他表现的机会。

（王林轩　广东省广州市禺山高级中学）

智慧17

找出情绪诱因，有效化解师生冲突

案例呈现

他为何猛踹老师的办公桌

某天，我在办公室备课，邻班的班主任与他的一位学生发生了争执。两人各说各的理，越争越响，最后，学生竟然飞起一脚，狠狠地踹向老师的办公桌，然后气冲冲地甩手而去。那位班主任愣住了，随后拨通了家长的电话，让家长来校协同处理。

初步判断

人与人之间观念有异，态度不同，有争执实属正常，师生之间也不例外。但这样撒野式的行为，连我这个旁观者都受到惊吓，简直“是可忍，孰不可忍”？不好好教训教训他，真不知他下次还会做出什么举动来。一定要让他认识到自己的过错，向老师道歉。

几句抱怨宣泄之后，我习惯地换位思考了一下，倒是勾起了几段往事。我向来性格直率，脾气也不小，小时候和大人吵过，和老师顶过。那时候，常觉得大人不理解小孩。现如今仍时常听同事抱怨，现在的学生脾气牛，暴躁，没有学生样儿。因彼此间理解不同而发生争执，实属正常，但走向对立甚至发生冲突，必然是双方的交流沟通环节出了问题。

我不禁思索，在每一次争执中，是什么原因让师生走向了对立？学生又为何如此冲动？现象的背后有没有规律？事前能不能进行有效防范？

教育之方

一个多小时后，家长赶到了学校，班主任简单地说明了情况，先上课去了。家长和孩子坐在办公室里交流，家长批评了几句，孩子辩解了几句，但情绪上已经缓和了很多。

带着好奇，我和他作了一番交流。

“你刚才那疯狂的举动，着实吓了我一跳，你看，我的心脏现在还怦怦直跳呢！”

他被我的夸张逗笑了。

“是不是故意的啊？”

“我不是生气嘛！”

“你生什么气啊？”

“早上时间匆忙，没来得及洗头，头很痒，我溜出去洗了个头，班主任怀疑我出去上网了。”

“无故被人怀疑，确实令人恼火，我也有过你这样的经历，非常理解。”

“就是！”

（建立关系，求得共情，为深度交流作好铺垫。）

“身体不舒服，不利于学习，洗个头也是情理之中的，本不必大惊小怪，可你选择的时间、地点，确实有些不妥。”

“事实证明，我没有上网，老师错怪我。”看得出，他认同了我的说法，可又不想服输，于是开始转换话题。

“没有办理请假手续溜出去，老师生气合理吗？”

“合理，但我让同学帮我请假了。”

“你没找对人，他没有完成你的委托，老师没有收到你的请假信息。理性地讲，是不是等同于没有办理请假手续?”

“是的。”

“今天溜出学校的还有另外一个人，他去上网了。有了这样的‘榜样’在，老师怀疑你去上网，是不是也是情有可原的?”

“是的。”

“这一系列事情，源头在哪里?”

“我外出没请好假，请假手续没有办理妥当。”

“事情发生之后，既可以积极反思自己的行为，也可以死抓别人的小辫子不放，哪一种做法更可取?”

“做好自己。”

“溜出去洗头虽不妥当，但说实在的并没什么大不了的，最终演变为师生对抗，剑拔弩张，伤害了多年的师生情谊，多么不合适，也多么不值得啊。”

他沉默着，若有所思。

（作“是”与“否”的判断、“A”与“B”的选择，还原事实，也引导学生往理性方向思考。）

“老师冤枉了人，也得有一个态度嘛。”其实，学生最在乎的是这一点。

“你有民主的意识，要求和老师对话，追求公正公平，这是新时代青年必备的素质，老师很是欣赏。老师的朋友，曾就一个人犯错之后会采取何种态度，进行了调查，他的结论是 62. 2% 的人不会选择道歉，主要原因是碍于面子，不好意思，或是没有找到合适的机会。有时与人相处，不必针尖对麦芒，宽恕一个人也是很好的选择，更能彰显人性之美，更何况你有错在先。我们语文书上学过的爱斯美拉达不就宽恕了卡西莫多吗？人性的光辉是最美好、最永恒的。”

他再次沉默，若有所悟。

“老师有时也会冲动，但事后会很懊丧，情绪低落，食不甘味。你事后是不是也会很懊悔自己的冲动?”

（教师自我暴露，为学生下一步说真话、坦心迹搭台。）

“是的，其实我也不想这样，那会儿也不知道哪一根筋搭错了。”

“只要你想改变，有决心改变，情况会大大地改观。如果时光能够倒流，重新处理，你会怎么做?”

“承认错误，接受批评。”

“具体说说你错在哪里。”

“上课时间外出洗头，确实欠考虑，请假手续没有办理妥当，虽不是有意，我也是有责任的。”

“如果老师对你的批评与处理，超出了你的心理预期，你又该如何做呢?”

“尽量克制自己的情绪，另找一个合适的时机，比如老师心情好的时候，再和老师沟通，表达自己的想法。”

“你想一下，如果用新的方式处理，会是怎样的局面?”

“避免了冲突，保证了师生关系的融洽。”

“如果这样处理，你的心情会怎么呢?”

“当然开心啰!”

“有信心在真实的生活场景中做到吗?”

“应该可以!”

“你这么有信心，老师很开心，我也相信，你自己也很开心。希望等下你能跟班主任道个歉，真诚地接受老师的批评。今后，牢记这一份难得的经历，让自己的性格更沉稳，人生更出彩。”

“好的。”

（协商对策，化解矛盾。）

“老师还想好奇地问一下，就是生气，一般也不至于踢老师的桌子，你当时怎么就没有控制住呢？”

“我对小时候的记忆很模糊，但唯一清楚的记忆是，他们（指父母）总是不问青红皂白地骂我、打我。从小到大，他们从来不讲道理，一次也不听我讲道理。我也不想做不听话的孩子，妈妈骂我时，我问她我到底哪里错了，她也不说我哪里错了，只是一个劲地骂我。他们从来不从我的角度想想，只是一味地逼我，且总是在别的地方败坏我，和亲戚们说我这个不好那个不好。每次去走亲戚，所有的亲戚都叫我乖一点。他们都自以为是，认为我是他们的私有物品，未经我的同意，便翻我的房间，我没有一丁点儿的自由空间。你不知道，我有多生气，但是作为儿子，我没法去打爸爸，也不能去打妈妈，只能大喊大叫，敲打墙壁，破坏物品。我也不是故意想做过激的举动，我只是没法控制。”

“谢谢你的真诚，老师很理解你的心情。很多家长往往因为接受的教育不多，明明是良好的动机，却往往采用了不恰当的表达。为了让自己的心情更愉快，家庭更和谐，我们不妨换个角度去思考，尽可能地少关注现象（家长的表达），多关注背后的动机。”

他点了点头：“谢谢老师！”

（深入探究，寻访事件源头，给予有效指导。）

班主任下课后，他真诚地向班主任道了歉，请求班主任原谅。之后，直到毕业，他再没有和班主任冲突过。从班主任的口中得知，他也确实取得了长足的进步。

方法提升

教师在教育生涯中，会碰到各种类型的学生，像上例所举的叛逆冲动、易暴易怒的学生，便是其中一类。暴躁冲动的学生，有种种特征和表现，除了上例的破门而出，和老师对骂外，还有歇斯底里，出手打老师，有自残行为，离校或离家出走等。

冲动，这种负面情绪，是人的天性之一，只是强弱不同，表现各异，而犹如暴风骤雨般袭来的，常常让人措手不及，成为教育工作中的难题。只有了解情绪诱因，才能正确着手，分析解决问题。同是冲动暴躁，背后的成因却是不尽相同的。有的是血液型冲动，遗传而来；有的是环境型冲动，后天习得；有的是青春型冲动，源自青春期特有的叛逆。不论是哪一种，平时都如大海般平静，当有了诱因才爆发。当然，这种情绪诱因是层出不穷的。

一、受到了不公正待遇

记得有次晚自修前几分钟，我朝班级走去，相邻班级非常安静，依据往常的经验判断，自己的班级也差不多进入安静自修的状态。可当我到教室门口，却发现班级里嘈杂无序乱成一锅粥，尤其引人注目的是小虞，旁若无人地坐在桌子上，双脚搁在另一张桌子上高谈阔论。

我气不打一处来，大吼一声："小虞，你给我出来！"他阴沉着一张脸，走出教室。

"知道错了吗？"

"是——我错了——"尾音拖得长长的，一股子阴阳怪气。

"男人之间对话，不要这样，有想法尽管表达，有不服气尽管说。"受到我的鼓励，他义正词严："凭什么骂我一个人？又不是只有我一个人聊天！"我知道，他用其特有的方式，抗议我的不公。我意识到，如果不直面学生提出的"公平"问题，事情不能迅速了结。

于是，我对他说：“确如你所言，不能只批评你一个，毕竟大家都有份。不过说心里话，老师也为难，不知如何下手，看你表现得出格一点，就抓你为典型了，你权当为班级的发展做一次自我牺牲嘛。”

说明了这一点，他的神色开始缓和。为彻底化解这场风波，消除学生内心的疙瘩，我继续对他说：“当然，老师对自己的表现不甚满意，没有很好地控制自己的情绪，要是能冷静一些，可能会是另一番局面。情绪没有对错，却有积极与消极之分，负面的情绪，不仅无益问题的解决，甚至可能制造新的冲突。今天的事，对我们的教育是深刻的，希望我们一起努力，调适自己的情绪，凡事更理性。”

他点头称是，也承认自己的表现确实不够好。

青春期的孩子平等意识较强，他们对公平、尊重等格外地在意和敏感，在教育他们的过程中，要尽可能解决与满足这种合理需求。

二、感觉自己不被信任

一位通校学生，一直都是在校晚自修之后回家的。突然有一天，他提出申请，说家里更静，效率更高，想尝试在家晚自修，我同意了。可一段时间之后，他成绩退步很明显，情况不乐观。我找到他，希望他将情况转告家长，让家长给我打个电话，以便侧面了解一下他在家的学习情况。

意料之外的是，他突然提高音量，脸涨得通红，眼泪从眼角渗出滑落，狠狠地说：“我是不会让他们打电话的，永远不会！”“永远不会”四字简直像石头一样砸向我。

我非常诧异他的反应，问他为什么。他激动地说了一番话。

他说自己 18 岁了，已经成人了，已经能为自己的行为负责了。作为一个即将考大学的高中生，他知道自己什么事该做，什么事不该做。我让家长打电话，意味着我不信任他。

从他平时的表现来看，他还算是一个成熟理性的孩子。我当即告诉自己，应该给予充分的信任，不能硬碰硬，造成“两败俱伤”的局面。于是我对他说：“你有这样的认识，老师很高兴，自然也不会坚持让家长打电话，那么我们坐下来，好好分析一下，近段时间的学习生活有没有什么问题存在。”我明确表达了自己的态度之后，他的情绪慢慢平静了下来。在之后的时间里，他用行动证明自己是成熟的，是值得信任的。

因为不信任，险些造成冲突，也因为信任，化解了一场风波。作为一个完整的生命个体，青少年在成长过程中，极其需要来自他人特别是家长、老师、朋友的信任，从而彰显他们的人格尊严、生命价值。我们应该毫不吝啬地展现自己的信任，以更宽厚博大的胸襟，接纳学生的需求，用信任创造美好和谐的环境。

三、认为不被尊重

记得刚当班主任时，我事事都想争先，学校布置的任务不敢有丝毫的怠慢，坚决执行着学校的各项规章制度。学校对学生的仪容仪表有明确的要求，比如男生不染发烫发留长发。在我强大的思想攻势下，绝大部分同学选择了妥协，理出了符合标准的发型。可就是有一个吴姓学生，对自己又长又酷的发型珍爱有加，对学校的规定置之不理，我再三告诫，他才勉强同意去修整。回来后他说修剪过了，但实际上和原来的几无差异。这下子我火了，软的不行，用硬的，我下了死命令：“不达标就别想走进教室！”我本想借助气势让他知难而退，没想到他脾气一上来，根本就不买我的账：“不进就不进，谁稀罕！”他一边叫嚣着，一边狂奔着冲出校门。

之后的班主任教育学习让我明白，当日事件难以收场，生硬抗拒的情绪背后，是学生感觉自己不被尊重，自己的青春自己做不了主。一方面，这个年龄段的孩子，个性张扬，看重独立性，在他们看来，发型是青春的标志，是战斗的旗帜，头可断，发不可理。另一方面，他们也非常看重自己的尊严，在很多场合会很要面子，而且往往不计后果。与他们相处，我们要注意交流的方法，尊重对方，真诚沟通，创设平等对话的氛围，说话的时候不能太过强势。同时，作为教师，我们应先控制情绪，不要轻易发火，因为情绪是会传染和相互影响的，一定程度上会激起更激烈的情绪。

所以，当学生固执地坚持己见时，老师不妨想一想，是不是我们的要求没有考虑学生的个性特点，抹杀了学生最基本的被尊重的生命需求。此时，以退为进，先接纳再细谈应该是不错的选择。

四、感觉被无情地冤枉

“我犯错误关你屁事！我是好是坏关你屁事！”这是一位学生当着家长的面，对老师的叫嚣。按理学生犯错，老师对其进行批评教育，学生辩两句、顶两下是正常不过的，可如此口无遮拦，确实也是不多见的。

原来，该生曾在教室的电脑上玩游戏，老师问：“你在玩游戏吧?”他说没有玩，只是看课件。老师看到尚处在运行状态的游戏，再结合该生平时的表现，无论如何也不相信他没玩，又追问了一句：“游戏是你装上的吧?!”学生再次作了否定。到底他有没有玩，无从查起，我们不得而知，但事后据同学反映，游戏确实不是他装的，是另一个同学装上去的。他觉得在这一点上被老师冤枉了，自此对老师心存芥蒂。于是当老师在别的问题上对其进行批评教育时，出现了前面的一幕。

生活中，类似的情况很多，我们往往会先入为主，凭借原有的印象，对一个学生作出判断，造成了“冤假错案”。比如，一个平时表现不好的学生，趴在桌子上，我们往往会认定他态度不端。殊不知，他趴在桌子上可能在静默、冥想，安排一天的工作；可能是真的累了；可能只是稍事放松，调节情绪。又比如，一个平时表现不好的学生上学迟到了，我们往往往坏处想，说他自我要求偏低，直接认定其态度不端，其实他可能真的在路上出了意外。再比如，一个学生在自修课上走动，刚批评过，他又走动了，我们往往认定其屡教不改，朽木不可雕，但我们往往忽视了一种可能，那就是他真的拉肚子了。这样的例子不胜枚举。如果我们始终习惯用老眼光来看问题，很有可能冤枉某一个同学，不利于解决问题，甚至加深冲突，给孩子造成巨大的伤害。倒垃圾是脏活，不少学生都不太愿意干，可就是有两个学生热衷于倒垃圾，每每看到他们任劳任怨的身影，我总是无比钦佩，生出许多敬意。一次偶然的机会，听到了一个学生的话，我发现自己太单纯了。“桶里一丝垃圾都没有，他们倒什么垃圾啊？想逃避做眼操，还是要上小店？”一语点醒梦中人，他们勤于倒垃圾，原来是另有玄机。

我想说的是，抬着垃圾桶的，未必是倒垃圾的；捧着书本的，也未必是读书的。生活是有欺骗性的。我们老师在和学生相处时，不能不信任，也不能太过信任，真的要慎之又慎，一切要以事实为依据，给学生自我表白、自我辩护、自我申诉的机会，避免冤枉学生。当然，万一冤枉了学生，真诚地向学生说句“对不起”，是老师应有的风度，也是化解冲突的永恒法宝。

人是多元的，允许有差异。正是因为性格各异，人类的大观园才异彩纷呈，精彩绝伦。教育不是工业化生产，同一模子生产出来的未必就是好的，教师不能以自己的理解、已有的思维判断，本能地、条件反射式地数落和指责学生，并简单粗暴地贴上道德标签。在面对学生的问题时，要先控制自己的情绪，注意自己的表达，充分考虑学生的接受心理，尽可能避免诱发学生的冲动情绪；学生的情绪反应超出预期时，要从学生个体出发，分析学生的个性心理、价值追求，充分结合问题的产生所涉及的其他学生、教师、家长、社会等多方因素，正确认知学生和教师个体在解决问题过程中的反应差异，找出诱发学生极端情绪的主、客观原因，及时调整策略，深入学生内心，真正解决被激烈情绪掩盖的根本问题。问题得以解决后，要学会对现象进行正确归因，进一步提高对学生情绪、心理及行为的分析和判断能力，以在之后的教育工作，及时调整教育策略，科学而艺术地开展工作，做学生成长路上的引路人。

十年树木，百年树人，育人工作并非易事，主动进取的态度，虽不能化解全部的冲突，但一定让师生关系更融洽，教育氛围更和谐。那将是一幅多么动人的教育画卷啊！

（杨春林　浙江省杭州市长河高级中学）

智慧18

运用现实疗法，释放学生压抑的情绪

案例呈现

他为什么要自残

周末晚上我正在开全体班主任例会，就见体育老师匆匆忙忙跑来说：“王老师，不好了，你们班的小飞手砸到了玻璃上，鲜血直流，现在正去往医院，你赶紧去看看吧。”我只觉头脑眩晕，站立不稳。唉，都是早恋惹的祸！

初始判断

那天，我看到小飞的脸上，有好几块血印，一看就是被人挠破的。我连忙问他是怎么回事，他平静地说：“没事，不小心在门口碰了一下，刮破点儿皮。”我看着他的破处，觉得不是在门口碰的，便担心他是不是打架了，他却笑着说：“真的没事，老师，确实是碰的，绝不是打架，您放心吧。”看他说得很坚决，旁边的同桌也作证，我就叮嘱他赶紧去医务室上点药，不要感染了。他走后，我心里仍有很多疑惑，但他不说，我也只能暗中调查。

那晚我去女生宿舍，无意中聊起了小飞的伤，有几个嘴快的立马说：“老师，你不知道吧，小飞可是个情痴呢！他追婷追不上，就自残……”天啊，这孩子怎么会拿自己的身体这样不当回事呢？看来，他对待自己的情感问题过于急躁和不理智，我要及早找他谈一谈。查晚睡时，我从楼上下来，发现楼过道里站着两个拉拉扯扯的学生，仔细一看，竟是小飞和婷。他们同时也发现了我。婷使劲甩开小飞的手迅速跑回宿舍，小飞则若无其事地叫了声“老师”，也进了宿舍。看这情形，小飞陷得很深，他在故意遮掩。

第二天，跑完早操，我留下了小飞，打算各个击破。我漫不经心地问小飞：“昨晚是怎么回事？”他笑了笑说：“没什么事。”我微笑着说：“你恋爱了吗？”他没想到我这样问，立马说：“没有，我们就是很好的朋友。”我想，他可能是怕受到老师的批评，或者学校的处理，不敢说实话。既然他不肯承认，我也不好再说什么，只提醒他，不是最好，如果是，可一定要处理好感情与学习的关系，毕竟还有两个月就要高考，面临人生的一次重大抉择，需要全力以赴，不能节外生枝。他点头答应。利用课间，我又把婷叫出来，询问她：“昨晚是怎么回事？是不是谈恋爱了？”她一听羞红了脸，马上矢口否认，说：“从来没有的事，老师，是他总来骚扰我，如果我不答应他，他就自残，我真不知道应该怎么办！”我隐隐发觉，小飞是剃头挑子——一头热。既然如此，我告诉她：“老师会想办法处理这件事，但需要你的配合，只要你继续坚持不理他，不给他机会就可以。当务之急，是冲刺高考，千万不能在此时犹豫和迟疑，以致延误时机。”她点点头。我想这也是契机，正好可以对小飞进行疏导和劝阻，没想到还没等我实施计划，就发生了开头小飞自残的一幕。

教育之方

当我跑上楼时，学生们七嘴八舌地跟我描述着刚才的情景，但都不知道究竟发生了什么事。我看到只有婷默然坐在那里，脸上没有任何表情。我想，这件事情肯定跟她有关。在突发性事件面前，表现越冷漠的人，往往越是导致问题发生的关键人物。原来，婷经过慎重思考后，提出了分手，小飞不能接受这个事实，一拳砸在了窗子的玻璃上……顾不上多想，我顺着滴在楼道里的血点子，跑去校门口。在校门外的公路上，两个男生扶着小飞正在拦截过往的车辆。黑暗中我看不到小飞的脸和手。此时，面对无法承受失恋痛苦的他，最需要的是理解和鼓励。我只是说着："小飞，你要坚持住!"他低声说："老师，我对不起你!"

进入急诊室后，医生马上进行手术缝合。本来，我对手术这东西是很惧怕的，但为了给学生壮胆，我还是勇敢站在他身边扶着他。

他满脸写着绝望的表情与哀伤："老师，我完了，我完了……"稍事平静后，他内心的矛盾冲突凸显出来。

我紧紧握住他的另一支手说："没事的，别这样说，你会没事的。"

他说："发生了这件事，我跟她彻底完了，学校肯定要开除我，老师您也对我很失望吧……"失恋的打击，使他内心的天平极度失衡。

我说："怎么会呢？为什么会有这种想法呢？"

他目光无神，喃喃地说："其实我不是故意的，我现在也很后悔，当时就像做梦一样。我怎么就变成这样了呢？"反思中，他有些自责。

我说："没事的，我理解你此刻的心情，不要想太多，这点挫折算什么？相信你很快会好起来的。"

"老师，我是不是很没用啊？总给您添麻烦。"他流露出自卑情绪。我要帮助他提高自信心。

“当然不是啊，你带领全班同学跑操，喊口号，声音洪亮，充满激情，大家谁不佩服你呀？都说你是好样的！少了你，我们这个集体可就不完整了，老师也如同缺少了左膀右臂！”

“我真得有那么重要吗？”我的话唤起了他的自我意识，但他还不敢肯定。

“当然，没意识到吧？”

“可是，她为什么看不上我呢？”我明白他指的是婷，而这才是所有问题的关键所在。

我说：“傻孩子，有句话叫‘路遥知马力，日久见人心’。如果你认为自己是对的，就要发奋努力，锲而不舍，坚持下去，但可不要采用自残的方式哦，明白吗？”

他点点头说：“我也不想这样的，但不知道当时怎么了……”冲动是魔鬼，它以愧疚开始，以后悔结束。

“一个人想要追求美好的爱情和辉煌的人生是没有错的，错的只是方式方法。那么你认为怎样做才能实现自己的理想？”我的一句话点醒梦中人，他若有所思地点了点头。

他出院后，学校对其作出劝退处理。我主动出面，带他找到校长，肯定了他的优秀表现，他也诚恳地承认了自己的错误，恳求留校察看。校长尊重我的建议，决定给他机会，让他在反思中进步。经历是一笔宝贵的财富，不经历风雨，怎么见彩虹？在接下来的日子里，他似乎成熟了很多，一改往日的样子，整天待在教室里认真学习。他说，他终于明白，生命于人只有一次，他一定要好好珍惜。我为他的成长倍感欣慰。

人都有爱与被爱两种基本需求。如果它们不能得到满足，人就会产生焦虑、怨恨、自暴自弃等消极情绪反应，并可能产生逃避现实、不负责任的欲望。要想避免这种失控情绪的发生，就要运用现实疗法，增加学生对成功的认同，减少其对失败的体验，充分满足他爱与被爱的需求，使他感受到个人价值的存在。

方法提升

现实疗法是由美国精神病学家威廉·格拉塞所开创的一个心理咨询和治疗流派。从基本倾向来看，现实疗法属于认知—行为的治疗，它依赖人的理智和逻辑能力，以问题为中心，以现实合理的途径求得问题的解决；它注意思维和行为，较少直接针对情感和情绪。

第一，现实疗法强调现在和将来，而不纠缠于过去，重视“怎么办”，而不是“为什么”。它反对以医学的或“疾病”的模式来看待人的心理困难，而强调人的自主自立、自己对自己负责等品质的作用；它也重视咨询者和来访者之间的关系，主张咨询者要卷入关系；但它不像以人为中心的疗法，让咨询者采取一种被动、支持的姿态，而是允许咨询者更积极主动，侧重指导。

案例中我面对学生的内疚和自我否定，用接纳的方法轻松化解了学生的负面情绪，不把学生当作“问题生”来看待，而是将其行为当作一个青春期孩子的正常行为。我又积极向学校求情，让学生从“处分”的重压下解脱出来。我把解决问题的思路指向未来，帮助学生找到了战胜自我的办法。这样的说理教育就远比“苦口婆心”式的说教要好很多。

第二，现实疗法对人的一个基本假定是：每个人都力求较好地控制自己的生活，以获得“成功的统合感”。格拉塞提出人有两种基本需要：爱的需要和自我价值感需要。一个人需要爱人，也需要被人爱；需要感到自己在别人眼里是重要的，体验到自己是一个有价值的人。

“老师，我是不是很没用啊？总给您添麻烦。”这句话流露出该生有自卑情绪。这种自我质疑其实就是渴望被人爱和证明自己是一个有价值的人的体现。当这份渴望没有得到满足的时候，就会形成自卑情绪。

“当然不是啊，你带领全班同学跑操，喊口号，声音洪亮，充满激情，大家谁不佩服你呀？都说你是好样的！少了你，我们这个集体可就不完整了，老师也如同缺少了左膀右臂！”

我的这段话就是针对学生的这份渴望而说的，用事实证明了学生的存在价值，证明了他在班集体中的重要性。学生的自我价值观被唤醒，自尊就会产生，自卑就会消退。

第三，现实疗法的目标是：帮助对方认清什么是自己真正需要的，以及自己为什么需要这些，然后辅助他对自己当前的所作所为进行分析评价，看看现有行为是否有益、有效、负责（对满足自己的需要而言）；协助他选择负责任的行为，制订建设性的行动方案，以便作出改变，达到对自己生活的有效控制。因此，负责任的行为是现实治疗的核心目标。负责任的行为的含义是“满足自己的需要，而在这样做的时候其行事方式又不剥夺他人满足他们的需要的可能性”（格拉塞语）。

“一个人想要追求美好的爱情和辉煌的人生是没有错的，错的只是方式方法。那么你认为怎样做才能实现自己的理想？”我这么说，就是要把学生对具体女孩的追求上升到对“美好的爱情和辉煌的人生”的追求，引导学生思考自己真正需要的是什么，然后回过头来再思考达成目标的具体做法。这样就很容易把学生从狭隘的思路中解脱出来。

“在接下来的日子里，他似乎成熟了很多，一改往日的样子，整天待在教室里认真学习。他说，他终于明白，生命于人只有一次，他一定要好好珍惜。”这样的表现就是老师运用现实疗法的效果。这样的教育行为关注的是学生的成长，而不是老师的尊严或者死的教条。这样的教育才是有生命力的教育。

第四，现实疗法一般不使用惩罚手段，但要求来访者承担行为的后果。现实治疗者坚决摒除对来访者运用惩罚。如果来访者未能按计划去做，他（她）不会受到责难、鄙视或任何别的惩罚，但他（她）应该承担自己不负责任的行为所导致的自然结果。格拉塞认为惩罚有诸多弊端，其中最重要的是会强化来访者的失败感，以及无价值感和无能感，而这正是现实治疗力求消除的东西。行为的后果则不同，它是行为的逻辑结果，是自然而现实的东西。它使来访者认识到“种瓜得瓜，种豆得豆”的道理，认识到个人须对自己的行为负责。这个认识不是外人灌输给他的，是现实教给他的。行为的后果对来访者同样有鞭策、激励作用，但不会有惩罚的那些弊端。

如果惩罚未能触及学生的心灵，那么惩罚很可能会变成学生滑向谷底的推手。面对学校劝退的处分，我带他找到校长，肯定了他的优秀表现，他也诚恳地承认了自己的错误，恳求留校察看。让学生为自己的行为负责，是很重要的一个环节。

第五，运用现实疗法的一个前提就是老师要学会倾听。一般出现问题的学生，内心里都有着在他们自己看来无法排遣的痛苦。这种痛不仅仅是身体之痛，更是心灵之痛。因此老师一定要注意倾听学生内心的呼声和愿望，理解他们所面对的困境，支持他们的情感与想法，陪伴他们用正向的方式解决问题。

在倾听中，神情要专注，不能一边干其他事情，一边听学生诉说，这本身就是对他人的不尊重和不重视，也使我们难以走进学生的心里。记得卡耐基训练大中华负责人时说，他曾问自己的女儿遇到的最大挫折是什么，女儿的回答令他意想不到：她觉得小时候跟父亲讲话最受挫折，因为父亲的眼睛从没有看着她。所以，当孩子向我们陈述事情时，我们应该认真地耐着性子听，让他有机会将自己的困扰和痛苦讲出来。在此期间，我们要遵循

“五不原则”——不否定、不批评、不指责、不打断、不急切。这样，孩子会比较愿意说出埋藏在内心的东西。如果他觉得被接纳，就比较容易接受老师和父母的教导。

事实上，孩子出现了自伤行为，往往是身心受苦、受压一段时间了。自伤行为对孩子而言是一种发泄，甚至是自我治疗、自我解压的方式。作为老师，我们应该及时关注，认真倾听，细心观察，耐心疏导，弄清孩子自伤的真正原因，积极提供帮助，给孩子解释的机会，认真面对孩子的自残行为，千万不能让孩子受到身心的双重伤害。

（王杰英　河北饶阳中学）

智慧19

延迟满足，克服学生的占有欲

案例呈现

她为什么总是在校外拿别人的东西

“许老师，今晚有空吗?”电话中传来小丫妈妈哭泣的声音。“怎么了?”我一惊。小丫妈妈哽咽着告诉我，孩子在某培训中心拿了若干东西，其中有价值不菲的手机。而且，小丫偷拿东西已不是第一次，曾被妈妈打得手心出血，不料不到半月又出现这样的事情。小丫？居然有这事？要不是她妈妈来电，我是无论如何也想象不出在她身上会发生这种事。

初始判断

该生除了成绩不是很优秀之外，在校期间表现得乖巧懂事，有礼貌，爱学习，简直是人见人爱。再说，我教她三年也从没发现这孩子有爱拿同学东西的陋习。那么为什么会发生这样的事情呢？一般情况下，这和孩子的成长过程有关，不能简单地归结为品格问题，可能是孩子无法抗拒物品的诱惑。而这种强烈的诱惑又往往和孩子强烈的占有欲有密切联系，因为在孩子看来，她喜欢的东西就应该拥有。这种强烈的占有欲又往往和父母的教育方式有关。

读懂过程

小丫妈妈告诉我，第一次发现孩子喜欢拿别人的东西时，她才两周岁左右，那次拿的是银耳环。当时小丫妈妈觉得孩子小，不懂事，就没批评她，只是讲了些道理给她听。后来，小丫又拿过舅妈的一些饰品——花里胡哨，看着很漂亮，其实也不值钱。小丫妈妈采取的措施是让孩子在门外站了四十分钟。妈妈在这方面一直很防备孩子，去亲戚、同学家，都不让她带包。不能拿别人东西的道理妈妈几乎每天都要对她讲。前不久，这孩子拿了表姐四百元多的 MP4，被妈妈用针扎手心，扎得出血。

小丫妈妈很伤心，她说："我把整颗心全都放在了孩子身上，一有空，就带着孩子去玩。前两天带着她去西湖、博物馆、美术馆等地玩，别人玩是匆匆走过场，我是一字一字地读给女儿听。牛排馆、西餐馆、中餐馆……但凡孩子爱吃的，我全都满足。女孩要富养，我尽量满足孩子，希望她日后眼界能高一些，能经受住一些诱惑。"

小丫妈妈给我看了小丫衣橱里各种各样好玩的东西，琳琅满目，简直可以开一个百货店了。小丫妈妈告诉我，许多是奶奶买的。小丫爸爸从不管孩子，也很少陪孩子一起玩。"伪单亲"的家庭，让妈妈内心愧疚，尽可能地在物质上满足孩子。

从妈妈的描述中，我注意到，这孩子对钱不感兴趣。她拿的，都是看上去比较漂亮的东西。只要她觉得漂亮、喜欢，都想占有，哪怕家中有，也会拿。在学校三年，我从没发现她拿过同学的东西，说明她对学习用品等不感兴趣。

我先劝慰孩子妈妈，让她放心，说这孩子的所有问题，是孩子成长中的问题，不用急。

看来小丫妈妈这种用物质满足来弥补情感缺失的做法给孩子

的认知产生了严重的影响，使其产生了严重偏差：只要自己喜欢的就一定能得到。于是她就不在乎得到的方式是否合理，更不在乎自己是否已拥有想要的东西。

教育之方

我走进房间与孩子开始交流。

我和孩子并排坐在床上。我微微侧着身子，好看着孩子的目光。这时，我猛发现，孩子大腿那里全是一条一条红色的痕迹。“这是怎么回事?”我诧异地问。

这时，孩子爸爸敲门，告诉我工厂很忙，要走了。孩子爸爸介入孩子的成长真的太少了，这是标准的“伪单亲”家庭。

“打的，妈妈用苍蝇拍打的。”孩子告诉我。我看着心疼，但很坚定地告诉她：“你若是许老师的孩子，许老师肯定会打得更加厉害！会让你的屁股开花!”孩子吃惊地朝我看了看。

“小丫，今天许老师不管小弟弟，到你家来家访，不是为了来批评你，而是来帮助你的！帮助你，你知道吗?”我郑重地对孩子说。

“许老师当了二十年的班主任了，接触的孩子有几百了，和你有同样问题的孩子也接触了不少。我有信心，在我的帮助下，你能够彻底改掉这毛病的。关键是，你一定要对我说实话，说真心话，你心里是怎么想的，就老实地告诉我，知道吗?”孩子一听说我是来帮助她的，双眼微微亮了一下。她郑重地点点头，说：“好的。”

“许老师问你第一个问题：你知道拿别人的东西不对吗?”

“知道。”

“第二个问题：你知道你拿了别人的东西后，你妈妈会严厉惩罚你，对吗?”

“我知道的。”

“第三个问题：你知道拿了别人的东西后，会被别人发现，别人会看不起你，对吗?”

“我也知道的。”

“那你为什么还要拿别人的东西呢？是控制不住自己吗?”我问道。

“是的，看到喜欢的东西时，我控制不了自己。”孩子告诉我。

“那我问你，在学校三年，你从没有拿别人东西的行为，那你是如何控制的呢?”我继续追问。

“在学校我能控制住自己不拿的。”她告诉我。

“是因为那些东西你都不太喜欢才控制住自己不拿，还是因为在学校不敢拿?”我追问。

“是因为同学的那些东西我都不怎么喜欢，我才控制住自己的!”孩子非常肯定地告诉我。这点我相信，论经济条件，她家在我班肯定是最好的，再说，我班班规规定不准带玩具到学校，诱惑源没有，她自然也就不会有行动了。

“噢！这样啊！那你拿东西的时候，是一看见很喜欢就拿了，还是犹豫挣扎了几天后再拿的?”我继续盘问。

“都是挣扎了好几天才拿的。我用了好些办法，但都没用。我曾经写字在手上——不要拿别人的东西，若拿了就打自己。甚至，我还打过自己的耳光，但都没有用。”孩子皱着眉头，比画着告诉我。这我绝对相信。写字在手掌心上提示自己，正是我平时教育孩子挑战自我的时候，介绍过的方法。

“那你想拿东西的这两天内心是如何挣扎的呢？能告诉我吗?”我问。

“那样东西总是浮现在我的脑海中，赶都赶不走。晚上睡觉也想着它，不去拿，好像什么事都不能做了。刚拿到，就很害怕，就想去还，但又不敢去还。”三年级的孩子已能很准确地描述自己的心情。

“哦！我明白了！小丫，目前依靠你自己的能力，暂时制服不了这坏毛病，许老师帮你出三个点子：1. 如果妈妈在身边，当出现拿东西的念头时，马上告诉妈妈，妈妈是最爱你的人，让她来帮助你。2. 如果许老师在身边，当出现拿东西的念头时，马上告诉许老师，我会尽自己最大的能力来帮助你。3. 如果没人在身边，当出现拿东西的念头时，把它写在日记本上，倾吐出来，帮助你消化。好吗？”我帮她出了点子，她说她会尽力做到。

我出去与她妈妈交流：“你孩子的问题，不是品质问题，是心理问题，需要我们一起用心地去帮助她。”我把刚才与孩子的交流告诉了妈妈。我把孩子妈妈叫到房间里，让孩子自己对妈妈说，以后若有拿东西的念头时，会第一时间告诉妈妈。妈妈当着我的面也保证，以后当孩子求助她的时候，不会去批评她。

临走前，我给孩子妈妈几条建议：

三个月内不要带孩子去餐馆吃饭，在家也要尽量朴素些；

以后孩子看见喜欢的东西想要，不要总去满足，要学会延迟满足；

半个月之内，尽量少去理睬她；

辅导中心照样参加，孩子在美术上有特长，不要因此而对她彻底失去信心；

既是心理问题，就要有心理准备，很有可能这不是最后一次，若心理辅导疗效不大，再找专业的心理医生。

整整一年过去了，这孩子再也没发生过在外面拿别人东西的事情。小丫妈妈的内心里充满了对我的感谢之情。

方法提升

延迟满足，能克服学生的占有欲。所谓延迟满足，就是我们平常所说的忍耐。为了追求更大的目标，获得更大的享受，可以克制自己的欲望，放弃眼前的诱惑。延迟满足不是单纯地让孩子学会等待，也不是一味地压制他们的欲望，更不是让孩子只经历风雨而不见彩虹，说到底，它是一种克服当前的困难情境而力求获得长远利益的能力。

延迟满足是幼儿自我控制的表现之一，反映的是一个孩子在面临种种诱惑时，能否为更有价值的长远结果而控制自己的即时冲动，放弃即时满足的抉择取向，以及在等待期中展示的自我控制能力。

延迟满足不仅是幼儿自我控制的核心成分和最重要的技能，也是儿童社会化和情绪调节的重要成分，更是伴随人终生的一种基本的、积极的人格因素，是儿童由幼稚走向成熟、由依赖走向独立的重要标志。

延迟满足能力强的儿童，未来更容易发展出较强的社会竞争力、较高的工作和学习效率；具有较强的自信心，能更好地应付生活中的挫折、压力和困难；在追求自己的目标时，更能抵制住诱惑，从而实现长远的、更有价值的目标。

而如果延迟满足能力不足，在未来发展倾向上则缺乏上述品质，容易出现一些不良的行为习惯，如边做作业边看电视、上课时东张西望做小动作、放学后贪玩不回家、贪睡懒觉不起床等；容易性格急躁、缺乏耐心，出现心理问题的情况也相对较多；进入青春期后，在社交中容易羞怯、退缩、固执、优柔寡断；遇到挫折容易心烦意乱，遇到压力就退缩不前或不知所措。

自我控制能力是个体在没有外界监督的情况下，适当地控制、调节自己的行为，抑制冲动，抵制诱惑，延迟满足，坚持不懈地保证目标实现的一种综合能力。它是自我意识的重要成分，是一个人走向成功的重要心理素质。

案例中的小女孩就是因为任何的要求在长辈那里都得到了及时的满足，延迟满足没有得到发展和考验，就形成了对物质的强烈占有欲。虽然知道偷拿他人的东西可能会受到妈妈的体罚，但这份体罚的痛苦无法和对物质的强烈占有欲相抗衡，所以经过多次内心激烈的斗争之后，她仍然选择了满足欲望。如果父母不了解孩子的心理动机，那么很容易就把“偷拿他人东西”当作品质差的标志，长此以往品质恶劣就会成为事实。

那么，该怎样用延迟满足的方法来克服孩子对物质的占有欲呢？

一、用代币法培养孩子对物质的等待耐性

当孩子想要他喜欢的玩具时，爸爸妈妈可以和孩子约定，如果买新玩具，要用平时积累起来的“五角星”来进行交换。“五角星”是平时孩子表现好的时候获得的“奖励”。孩子既可以看到希望，又把注意力转移到获取“五角星”上，这样好的行为就会得到强化。一般让孩子在积累了5个或10个“五角星”后就可以满足自己的需要。孩子每次获得“奖励”的过程就是一种等待。爸爸妈妈每次给予奖励的标准一定要统一，不能失去原则性。

二、借助他律培养自律

延迟满足是一种自律行为。孩子在还很小的时候，往往需要通过他律（也就是别人的要求和监督）才能做到延迟满足。这

时，家长要尽可能地把宝宝的注意力从他的需要上转移开。在开始的时候，孩子可能会采取一些示威行为，这时家长千万不能因为心疼就马上“无条件投降”了，要狠心坚持一下。从即时满足到延迟满足，总是需要一个过程的。只要孩子能等上一小段时间，而且在等待的时间里不哭也不闹，就是在自我控制了。

三、适当地鼓励和监督

培养孩子延迟满足的能力离不开父母的鼓励。当年幼的孩子努力按照成人的要求“刷新”自己的纪录时，父母一定要肯定孩子，给予一些小奖励，从而让他们获得坚持的动力。爱孩子，就要培养让孩子幸福的品质，要让孩子在延迟满足中学会克制、学会期待、学会感激、学会珍惜、学会奋斗，体验成功的快乐和人生的幸福。

四、发展孩子的兴趣，培养新的注意力

案例中的女孩有绘画的特长和兴趣，家长就全力支持她在绘画方面发展，当孩子的注意力转移到这些健康的兴趣上时，不健康的关注也会慢慢淡化。坚持一段时间后，孩子对物质的占有欲就会减少，问题也就自然解决了。

（许丹红　浙江省桐乡市实验小学教育集团北港小学）

智慧 20

学生的成熟，离不开必要的思维训练

案例呈现

他为什么总是不计后果

小田是一位四年级的男生，11 岁，屡屡不断地欺骗师长，偷钱盗物，不交作业，也经常被家长暴打。满脸手掌印的小田，总是让人同情万分。但是没过一天，他又开始继续犯错和欺骗师长了。

小田为什么总是不计后果呢?

初始判断

他爸爸是爷爷、奶奶从别人家抱养的，现在一直在外打工，一直以来几乎没有抚养过小田一天。他妈妈也因为爸爸的“不务正业”而在小田还没有满一周岁的时候就消失了。小田从小到大都是由爷爷、奶奶抚养的，偶尔会见到爸爸，但对妈妈几乎没有任何印象。

爷爷品性敦厚，甚是疼爱小田，不是在特别气愤的情况下，基本上不会打小田一下，但是他对小田的要求很高。奶奶是一位小学语文老师，对学生要求非常严格，对小田更是严上加严，整天辛辛苦苦地看着小田做作业，并亲自检查、批改，小田稍有不慎，便会招来奶奶的暴打。

另外，爷爷、奶奶已接近花甲之年，且都是工薪阶层，工资不高，在抚养小田的过程中，他们越来越感觉到心力、财力等有限，这在无形中让他们对小田更加“挑剔”——过多地关注小田的缺点，很少或几乎没有注意过小田的优点。

需要说明的是，爷爷、奶奶都是心地比较善良、言行本分的人，非常厌恶偷窃、说谎、不务正业的人，而小田偏偏是这样的人。爷爷、奶奶除了对小田的品德、学习有过高期望外，还对小田的日常行为有较高要求，比如，吃饭时怎么拿筷子、怎么端碗、怎么夹菜等，都有明确的要求。有时一顿饭的工夫，小田都要因为这些琐事而被批评、讽刺、挖苦很多次。当然事实上，小田拿筷子、端碗、夹菜的姿势，的确有很多问题，他经常会把菜夹掉在桌子上，他的座位下也经常掉有很多饭粒。

教育之方

为了更好地分析小田的特殊心理，进而为他的成长提供建设性意见，我采集了他的早期记忆、词语联想等资料。

一、早期记忆

1. 3 岁时，吃到了一根鱼刺。

2. 8 岁时，和家人一起去公园玩。

二、词语联想

1. 天空：飞机、鸡、鸭、白云、星星、太阳、月亮、火星、地球、彗星、海王星、黑洞、银河、金星、水星、阳光。

2. 大地：人、黄瓜、西瓜、钱、小麦、高粱、苹果、水、泉、山洞、火山、鸟、狗、猫、鼠、羊、马、驴。

3. 亲人：事情、妈妈、妹妹、弟弟、哥哥、大饼、包子、青菜、肉、牛、虎、兔、龙、蛇、猴、猪、虫子。

4. 我：水、山、洞、面、坦克、青蛙、小草、大树、小花、汽车、火车、发明家、医生、学生、工人、药、子弹、导弹、奖状。

5. 四年级：同学、文具、书、苹果、纸工、小狗、兔子、龙、水、咖啡、笔、药、山药、红豆、绿豆、黄豆、水稻、美术、学校、妹妹。

收集到小田的早期记忆及词语联想材料后，我感到小田早期记忆的内容太少，对事件的描述过于简单，而且缺乏小田当时的内心感受。也就是说，早期记忆所包含的信息量太少了。为了能获得更丰富的信息量，我决定提醒小田再仔细想一想还有没有什么早期记忆，但小田说的确想不起来了。

我虽然对早期记忆及词语联想的分析略知一二，但生怕分析不当，进而为小田提供低效、无效乃至有害的建议。于是，我求助王晓春老师帮我分析小田的早期记忆及词语联想材料。

经过分析之后，我们基本达成以下共识：

第一，从第一条早期记忆材料来看，小田对“吃到了一根鱼刺”记忆深刻，而“吃到了一根鱼刺”在某种意义上代表一种深深的伤害，这说明小田内心里是缺乏应有的安全感的。

第二，从第二条早期记忆材料来看，一直照顾他的爷爷奶奶并未出现，而只是简单地以“家人”来概括，说明小田对家人及家庭均缺乏应有的好感。

第三，从词语联想材料来看，词语中表达天文、自然的词语比较多，这说明小田对天文、自然等学科可能比较感兴趣。这可能是引导他的突破口之一。词语中表达动植物的词语也比较多，这说明奶奶对小田的不断打骂，已经在一定程度上造成了小田对人的“恐惧”。这和小田把用偷来的钱买来的零食分给同伴吃以及把偷来的笔分给同学等事实相符，因为小田试图通过这种“分享”来防止受到伤害。这也和第一条早期记忆材料相符。词语中表达情绪、情感的几乎没有，这说明小田可能对情感的体悟能力较差，或者缺乏一些正常的情感。这和第二条早期记忆材料相符，并可能是以后的工作需要重点突破的地方。

第四，从词语联想材料中词语的种类来看，一是词语比较常见，二是词语之间有着明显的规律。这说明小田的知识可能不够扎实，或者说视野不够开阔。这和小田的成绩处于中等水平的事实相符。

第五，从早期记忆及词语联想等材料整体来看，小田虽然对现有的家人及家庭缺乏好感，但是在词语联想中依然出现了“妈妈”这个词，这是不是意味着小田对温馨的亲情或情感还是非常渴望的？这可能也暗示了爷爷、奶奶急需转变教育小田的方式。

第六，小田有两大问题——说谎和偷，而且是持续地说谎和偷。说谎是为了避免受到伤害，而偷呢？可能是长期的压抑（家庭教育很严格）造成的强烈的逆反心理使然，因为小孩子都喜欢吃，喜欢玩。这应该如何疏导呢？或许这也需要爷爷、奶奶好好思考一下了。

根据小田的基本心理情况，要想顺利转化小田，有必要好好做以下工作。

第一，爷爷、奶奶首先要彻底摒弃“小田是累赘”的思想，只有这样，他们才能在日常言行中自然而然地流露出对小田的关心、关爱之情，进而让小田能够真切地感知亲人的温情，以求慢慢消除小田内心的创伤，并逐渐培养小田对家庭、对家人的好感。

第二，为了防止小田屡屡偷钱，爷爷、奶奶不妨每天给小田一定数目的零花钱，并储备相对来说比较丰富的零食和玩具，以求慢慢弱化小田偷钱的动机。另外，爷爷、奶奶平时也要把钱财放在不易被发现的地方，从外部环境上杜绝小田犯错的机会。

第三，根据小田的智力和非智力水平，爷爷、奶奶应降低对小田成绩的要求，转而好好培养小田在自然、天文等方面的兴趣。比如，不再逼迫小田起早贪黑地学习，不再因为成绩差而过多、过严地批评他，反而多给他买一些天文、自然方面的书籍，多陪陪他观看《人与自然》等节目。

第四，对于小田在言行方面表现出来的不妥或错误之处，要坐下来心平气和地和他交流，分析怎么样做更好，并经常鼓励他，以使他的进步得到有效的正强化。

方法提升

王晓春老师在看到小田的相关材料后，作出以下分析：

“我无法搞清这个孩子是怎么回事。发现他的词语联想好像都是名词，没有动词、形容词之类，莫非世界在他的头脑中都是一些堆积物？如果真是这样，他可能缺乏把事物变化连接起来的能力，头脑应该是简单的，做事不过脑子，前面做了后面忘，只要眼前对自己有利、能过关就行了。若确有此种情况，那就应该对他进行一些最基本的思维训练。”

王晓春老师果然高明，寥寥数句话全部说在要害处，小田的日常生活状态正如他所说。这正解释了小田做事时为什么总是不计后果，因为他压根儿就想不到后果，或者说根本就没有足够的能力根据事情的前后联系及因果关系来推测出后果。

王晓春老师提出的建议也正是解决问题的根本之道。不管是小田的家长，还是小田的老师，都应该注意对小田进行一些基本的思维训练，这样小田才能慢慢地将孤立的事物联系起来，进而慢慢成熟起来。

在王晓春老师提的建议的基础上，我打算用情境心理行为训练和暗示心理行训练理论给小田开“除根药”。

所谓情境心理行为训练，是指创设能引起人的某种主观体验的环境和情况，借以提高行为能力的训练方法。从根本上说，心理训练是由客观环境的刺激引起的，能力是在实践中形成和提高的。要提高人的某一方面的应对能力，就必须创设足以能引起需要这方面能力的主观体验的相应情境，尤其是紧张和恐惧的情境。

所谓暗示心理行为训练，是指用含蓄、间接的方式对人的心理和行为产生影响。顾名思义，自我暗示心理行为训练法是指自己学会对自己采取暗示的方式来调整心理和行为，以凝聚心理潜能，增强应激能力。人的心理潜能，可以说集聚在两个层面里：一是意识，二是潜意识。明示可以直接调动意识层次中的能量。暗示不仅能调动意识层次中的能量，还可以调动潜意识层次中的能量。人的潜意识能量在某种情况下对人的心理和行为的影响是不可忽视的重要力量。

一、情境心理行为训练策略

1. 奶奶是小学语文老师，可以充分发挥善于解读文本的特长。对于一些故事类文章，她可以就故事发生的时间、地点、起因、经过、结果等情节与小田探讨，以让小田了解故事完整的前因后果。

2. 爷爷、奶奶可以陪着小田观看一些破案节目，比如《包青天》等电视剧。这一方面可以培养小田的法律意识（毕竟小田的偷窃次数过多），让小田了解法律对违法犯罪行为的惩处，以免小田成年后依然没有树立起应有的法律意识；另一方面也让小田明白，不管犯罪分子做得多么周密，总会留下蛛丝马迹，人们（警察）有足够的智慧在其基础上寻找到线索并破案，也就是让小田明白“要想人不知，除非己莫为”的道理。

二、暗示心理行为训练策略

1. 小田喜欢天文科学，爷爷、奶奶可以以一些天文科学知识为背景设计一些难度适宜的问答题，如风是如何形成的、黑洞是如何形成的、为什么会出现日食等，以让小田认识到自然规律与自然现象之间的因果关系。

2. 爷爷、奶奶也可以与小田一起探讨一些典型的自然、心理现象，如蝴蝶效应、破窗效应、南风效应等，以让小田在行事时能有更深刻的理论指导，而减小凭感觉做事的几率。

3. 小田以后再犯错时，一些必要的惩罚可以视情况而定，但最关键的是，爷爷、奶奶一定要和小田心平气和地回忆整个事情，以让小田明白自己错在哪里以及家长（老师）是如何发现他的错误的，让小田真正“经一事长一智”。

当然，小田推理能力的提高、法律意识的培养、心理问题的矫正，均需要一个漫长的过程。教育就是一种慢活，急不得。这样看来，小田的问题能否成功解决，关键在于爷爷、奶奶能否以“药方”按质按量地持续坚持下去。

（赵　坡　广东省深圳市第二外国语学校）

智慧21

注意超限效应，让批评更有效

案例呈现

咱那个破班主任就那臭水平

周一去一所职业学校听课，正赶上该校每周的升旗仪式，我便跟随学生来到操场上。刚站到队伍后边，就看见班主任刘老师气冲冲地把一个男孩从队伍里拽出来，一脸严肃地冲他吼道："小明，你怎么回事啊？上周刚表扬了你，今天又在队伍里捣乱，真是狗改不了吃屎……"刘老师越说越起劲，眼瞅着升旗仪式马上开始，才意犹未尽地问道："我说的都记住了吗？给我重复下。"小明一字不落地重复了一遍，才被"恩准"回到队伍里。升旗仪式结束，我随着小明的班级往回走，只见班里的几个男孩子冲他打趣道："小明，真有一套啊，班主任啰唆了那么多废话，你竟然都记住了。"小明撇了下嘴小声说道："你们还不知道咱那个破班主任的臭水平？每天翻来覆去就那几句话，我早已经背下来了。"队伍里顿时爆发出一阵哄笑声。看着孩子们远去的背影，我不禁感到一阵悲哀。

初始判断

小刘老师的教育方法简单粗暴，不太注重教育时机和教育场合的选择，所谓的教育往往类似于说教，虽然讲了一些人生的大道理，但很少关注学生的内心感受。长此以往就会影响老师在学生心目中的地位，其教育也往往不见成效，甚至会激起学生内心的反感。

教育之方

此前我曾经和小刘老师谈起班级管理的话题，年轻的小刘介绍了他在班级管理实践中运用民主管理思想的一则案例。刘老师兴奋地说道："我们班有四个问题学生，特别喜欢捣乱，每天都形影不离的，老师和同学们都拿他们没办法。他们自己也干脆起了个名字——'金刚帮'，对外宣称是'四大金刚'。班里的几个学习小组都不愿接收他们，后来我把这几个学生的名字做成纸条，然后让小组长抓阄，充分发扬学生民主，终于把这个难题解决了！"看着小刘洋洋得意的神态，我却陷入了深思……

在这起管理案例中，刘老师貌似采用了民主管理——通过"抓阄"解决了难题，却忽略了一个重要的问题——把孩子当成"阄儿"抓来抓去的时候，可曾考虑过"四大金刚"的感受？也许他觉得这些调皮孩子脸皮较厚、满不在乎，也许他觉得这是创新之举、探索之路，但是请不要忘记，在尊严面前人人平等！科学发展观的核心理念是以人为本，体现在对学生的教育上就是充分尊重每一位学生，包容每一个学生的缺点。"四大金刚"不是任人踢来踢去的皮球，他们是和其他孩子一样活蹦乱跳、有血有肉的生命。对"四大金刚"的极端处理方式非但无助于问题的解决，甚至会让他们从此自暴自弃，丧失改正错误的勇气。倘若如此，哀莫大焉！

那么，我们又该如何解决"四大金刚"的分组事宜？有没有两全其美的方法让双方都满意呢？我想起了古人常玩的一个相亲游戏——“抢绣球”。“抢绣球”是古代员外家嫁小姐时采用的一种“选秀”模式：只见小姐安然端坐在绣楼之上，借着手帕遮掩细细打量，如若相中一位公子便会将绣球抛向他的方向，于是台下的众人便蜂拥而上一阵猛抢。班主任能否像员外们一样把这“四大金刚”变成小姐手中的“绣球”呢？老师们可能会觉得“四大金刚”与“绣球”差之甚远，倒是和“仙人球”有几分相像，避之唯恐不及，又怎会有人来抢？但是请记住一点，“尺有所短，寸有所长”，“四大金刚”一样可以闪亮登场。也许他们学习成绩不理想，但是关心同学热心肠；也许他们个性顽皮爱张扬，但是热爱集体有胆量；也许他们偶尔把祸闯，但是体育锻炼有特长……班主任作为一方“员外”，应该想方设法帮助“四大金刚”拔掉扎人的“仙人刺”，将其包装成人见人抢的“绣球”，让更多的同学看到他们身上的闪光点，逐渐地接受他们。同时也要督促“四大金刚”不断地审视自己、改正缺点，使自己真正变成抢手的“绣球”。果真如此，善莫大焉！

每个班级都会有所谓的“四大金刚”存在，他们人员虽少但能量不小，往往是班主任最头疼的一群人。而针对后进生的帮扶工作是班级工作中的关键一环。在具体的班级管理中，班主任应该开动脑筋，切忌“踢皮球”，而要学会“抢绣球”。把学生当“皮球”踢，他们会距你越来越远；把他们当“绣球”抢，他们会离你越来越近。班主任应该通过对后进生的帮扶，在班内树立起同学间互相帮助的良好风气，形成“比、学、赶、帮、超”的和谐班级氛围，最终实现多方共赢。

很多职校生在中学期间就属于顽皮好动的问题学生，或“四大金刚”，或“八仙过海”，个个精力旺盛。进入职校以后，随着学习压力的减轻，孩子爱玩的天性更有机会得以施展，于是寻求能量的释放便成了他们的内心渴求。怎么办？有的老师采取了

“鲧”的做法——堵！而且振振有词地说道：“本就是一群老虎，要是放虎归山岂不乱套？那还怎么管理班级？”但老虎终归是有野性的，即使被圈养在笼子里也难免心浮气躁、心怀仇恨，说不定趁你开门喂食的工夫跑出来疯咬一阵。我们不妨效仿大禹治水的疏导之法，大胆地放虎归山，并在山的周围布一道高高的铁丝网，防止老虎们出口伤人。老虎们忘情地在山上打滚嬉戏，时间一久便和管理员成了朋友。对老虎的不同管理方法带来了不同的结果：一边是水深火热，一边是自得其乐。青年学生年轻好动、精力气盛，身上难免会有类似于老虎的野性，怎样去科学地管理他们值得我们深省。

“问渠那得清如许，为有源头活水来。”要学会疏导而不是围堵，班级管理的艺术正在于此。

方法提升

美国作家马克·吐温曾经去教堂聆听牧师演讲，十分钟后，他觉得牧师的演讲非常感人，决定要多捐些款。又过了十分钟，他开始有点不耐烦了，情绪也跟着急躁起来，心想最多捐些零钱。又过了十分钟，牧师依旧慷慨激昂，可马克·吐温却厌恶极了，准备一分钱也不给。冗长的演讲终于结束，开始募捐了，马克·吐温不但没有捐款，反而赌气地从盘子里拿走了两元钱。很显然，那位牧师为演讲作了充分准备，口才也是一极棒，足以打动人心，那么到底是哪里出错了呢？很简单，他忽略了一点——心理学中的“超限效应”。面对犯错的学生，老师或家长总会喋喋不休地数落个没完，最初孩子自己也是带着内疚的心情听候数落的，可最后会越来越不耐烦，乃至十分反感，甚至会讨厌起父母或老师来，进而故意反抗，产生“我偏要那样做”的心理。这都是违背“超限效应”引起的恶果。

班主任在日常工作中难免会遇到小明一样的学生，如何让教育惩戒取得实效？教师应讲究一点艺术，注意把握好教育的火候。如果一味地急火攻心，劈头盖脸地指责学生，不见得就能取得效果。应该适当地“缓一缓，避一避，绕一绕，冷一冷”，引导学生自己进行情绪沉淀和冷静反思。这样教育才可能真正深入其内心，取得理想的效果。教育火候的把握值得每一位教师深刻反思，因为适度的教育更契合学生的心理需求。

一、批评的时机要适当

1. 不宜在早晨批评学生。早晨是一天学习生活的开始，孩子们背上书包，高高兴兴地来到学校，可老师如果因为一点小事（如迟到几分钟、作业没做完）就大批一通，那么孩子一天的心情都会蒙上阴影，学习效果可想而知。批评的时机最好在放学前：对他们的表现予以总结，对不好的现象提出批评。

2. 不宜在学生刚进步时批评。有些学生学习基础较差，即使他们作出努力，短期内成绩也可能提高不快。如果老师硬把他们和优秀生相比较——“你看你又做错了几道题”，孩子刚燃起的学习热情可能又被扑灭了。作为一名老师，我们应多鼓励孩子——“真棒，你今天做得真好！”这样一来，孩子才会不断地积累信心，最终走向成功。

班主任刘老师在周一的早晨就对小明大批一通，显然是不合适的。加之小明上周刚因为进步得到表扬，此时的批评却如一盆冷水浇灭了孩子渴望进步的火苗。

二、批评的地点要适宜

1. 不宜在集体场合批评学生。如果不是特别需要，请不要在全班同学面前反复批评一个学生。孩子都是有自尊心的，如果在集体场合反复批评他，会让他觉得很没面子，甚至会产生抵触心理。孩子做错了什么，老师可以把他叫到一边，告诉他哪里做错了，应该怎么做。这样一来，孩子会感受到老师对他的尊重，也更有利于改正他自身的错误。

2. 不宜在家访时批评学生。对一名老师来说，家访是经常性的工作。如果在家长面前批评学生，学生会感到非常羞愧，家长也会感到难堪，并不利于学生的成长。老师家访时应对孩子多提出表扬，让孩子产生自信，并适时提出希望："你如果做作业再认真些就更好了！"由此学生会不断产生前进的动力。

刘老师在学校操场上当着很多老师和学生的面批评小明，让小明感到很没面子。在类似的集体场合还是少批评为佳。在此案例中，刘老师如果在升旗仪式结束后单独批评小明，效果可能会好些。

三、批评的分寸要适度

1. 不宜对学生只说不听。一名优秀的老师，应学会倾听。面对学生的错误，老师应做好调查了解。到底是不是这名学生做的？是有意为之还是不慎犯错？应当让学生作一番辩解，以澄清事实。如果老师不分青红皂白，对学生当头棒喝，可能会使他们产生逆反心理，甚至走向极端。

2. 不宜对学生盖棺论定。学生正处于生长发育阶段，生理和心理都未发育成熟，在此期间，犯下一些小错误是在所难免的。如果对学生的错误不能正确看待，随便扣上一顶大帽子——"没见过你这么笨的，你真是没救了"，孩子便会产生一种心理暗示："我不行。"这无形中将对孩子的成长产生消极的影响。

在上述案例中小刘老师批评小明"真是狗改不了吃屎"，显然措辞失当。一名班主任不应对学生恶语相向，更不能一棒子打死。只有尊重学生，才会赢得学生的信任。

班主任对学生的批评是一门艺术。在具体工作中，班主任应注意防止“超限效应”带来的负面效果，准确把握批评的分寸，让批评更有效。在批评的过程中，要做到因时而异，因地而异，因人而异。只有掌握好这门艺术，才能使优秀的学生更加优秀，落后的学生不断进步。只有这样，才能打造和谐教育的良好氛围。

（王永军　山东省平阴县职业教育中心）

智慧22

想方设法巧解学生的嫉妒心理

案例呈现

朋友之间发生矛盾

弛和燕是好朋友，经常在一起学习、游戏。最近她俩却常发生矛盾。事情都是由弛引起的，为一点小事她就发脾气，并迁怒于燕，甚至骂她“笨蛋”。

晚自习时，这一幕又上演了。燕一脸的委屈，但她还是很宽容：“我没什么，但是她自己在那里生气，她的功课都做不好了。”

看着两个好朋友闹翻了，我心里很不是滋味。晚自习后，同学们都回寝室去了。我让受委屈的燕也先回去，然后才开始和弛的谈话。个别谈话的时间和环境的选择很重要。

初始判断

“你们两个一直是好朋友，这几天有好几次闹别扭了，你的心里也不好受吧?”弛无语，但轻微地点点头。如果老师能体会到孩子的心情，孩子会更愿意敞开心扉。

“如果你是燕，你的好朋友骂你‘笨蛋’，你心里是什么滋味?”弛回避我期待的眼神，而我静静地等着。心理角色的互换，让她也体验了燕的心境。

过了几分钟，她开始小声地说话了："最近不知道为什么，我只要和燕在一起，就想和她吵。"

"怎么会这样？"我用鼓励的眼神看着她，期待她说下去。

"也许是因为她什么都比我好！"弛顿了一下，又接着轻轻说，"她进步得那么快，来的时候一句中文也不会说，现在却这么好，进步那么大。而我却一点进步也没有，还这么差，连翘舌音都不会发。"

的确，上学期燕从日本来到我们学校时，只会说"早上好"和"晚上好"。语文课上她从不敢举手发言，请她朗读词语时，她也声如蚊蚋。她经常因为上课听不懂，下课无法和同学交流而独自哭泣。经过一个学期的努力，燕取得了飞跃式的进步。现在的她活泼开朗，乐于学习，也乐于用她那与众不同的普通话和老师、同学交谈。弛来自澳大利亚的中国家庭，中文说得很流利，只是不会翘舌音。但她的识字量很少，读写能力远远滞后于听说能力，加上她不太会利用时间，进步明显没有燕大。

从她的话中我了解到，她已经意识到了自己和燕学习成果上的差异，却没有认识到她俩学习过程上的差异。而且她完全地否定了自己，说自己"一点进步也没有"，还把没有进步的不良情绪转移到进步比她快的燕身上，试图用刺激性的言行来平衡自己的心理。但结果不仅伤害了朋友间的感情，破坏了团结协作，也影响了自己的情绪和学习。

究其原因，好朋友之间的矛盾，是弛小小的嫉妒心在作怪。

像弛这样10岁左右的孩子，正处于身心发展的变革期和关键期。随着年龄的增长，他们对归属、爱、自我实现等的心理需求也日益增强，于是表现出争强好胜、不甘示弱的心理特征。但"第一"只有一个，总有人会比自己强，总有人会超过自己。当孩子看到别人在某些方面高于自己，而自己在社会赞许、尊重等方面的需求得不到满足时，就会产生一种由羡慕转变而来的恼怒忌恨的情感体验，即嫉妒。

嫉妒是一种复杂的心理状态。程度较轻的嫉妒深藏在不易察觉的潜意识中，如当别人超过自己时就不服气，爱挑剔别人的毛病。程度中等的嫉妒会自觉或不自觉地显露出来，如挑拨、造谣诬陷等，给对方造成痛苦。程度较重的嫉妒表现为强烈的愤怒和正面的直接攻击。而像弛这样故意引起和燕的冲突已接近于程度较重的嫉妒了。不管是何种程度的嫉妒，一旦发展下去一定会影响学生完全人格的形成，给今后的学习、生活及社会带来隐患。

教育之方

一、动情——个别辅导动之以情

弛很信任我，向我敞开了心扉，表达着自己。我没有发表意见，只是专注地听着，并不时地点点头。孩子表达感受时最需要老师对她心理上的支持。

等她说完后，我开始给她讲管仲和鲍叔牙的故事。春秋时期，管仲和鲍叔牙是一对好朋友，他们合伙做生意，挣了钱，鲍叔牙会多分一些给管仲。后管仲因辅佐公子纠而入狱，鲍叔牙并未因此摒弃这个朋友，反而向齐桓公推荐管仲。后来管仲官居丞相，地位比鲍叔牙还高，鲍叔牙的心态也很平和。周围的人都称赞鲍叔牙能关心、理解朋友，处处为朋友着想。管仲也很感激他，感慨地说："生我者父母，知我者鲍子也！"

听到这，弛连连点头说："我明白了！"

弛是个聪慧的孩子，我想，以她的领悟力，她一定懂了。

"你和燕之间要我帮忙吗？"我问。

“不用了，我知道怎么做了。”弛朝我一笑，回寝室去了。

教室里只剩下我一个人了，安静得可以淹没所有的思绪，但我知道这件事并没有结束，弛和燕处理好关系是没有问题的，但关注学生完全人格的发展，防止嫉妒心理的产生，却不是轻而易举的。接下来我该怎么做？

二、晓理——团队训练晓之以理

随着渐浓的夜色，今后的做法在我心中也慢慢地酝酿成形了：要从对弛的个别辅导扩大到面向全体的心理健康教育。所幸地是，从这学期开学起，我一直有意识地结合班级建设和语文教学进行心理建康教育。辅导的主题有“正确认识自我”“正确认识他人”“与他人友好相处”……而这一系列的心理辅导，是培养学生的健康心理，形成完全人格的基础，也为防止和消除嫉妒心理作好了铺垫。于是，心理辅导的团队训练——“防止嫉妒心理”可以自然而然地展开了。虽然这个主题是因弛而切入的，但我在同学们面前，不会提及她和燕的事，取而代之的是我和弛会心的眼神交流。

第二天的班会课上，我以故事引出这次团队训练的主题。《三国演义》中周瑜嫉妒诸葛亮的才干，临死前连呼：“既生瑜，何生亮!”我又点出，有时，小朋友也会有这种不健康的心理。接着我请学生表演了周瑜因妒贤嫉能而活活气死，同学因嫉妒而自寻烦恼，伤感情，伤身体。学生在表演中进行了角色体验，也唤醒了曾有的感受——自我体验，更深刻地认识到嫉妒的危害。

随后我又讲了昨晚讲给弛听的管仲与鲍叔牙的故事。听了故事，有些学生就小声议论开了。我顺水推舟让学生分成小组进行讨论：当别人比自己好的时候，该怎么办？

学生们热情高涨，每一小组的成员都积极地发言。

“别人比我好，我要向他学习。”均代表他们那一组发言。

“别人比我好，我们要表扬他，祝贺他。因为称赞他人是一种美德。”靓的发言联系到“正确认识他人”这一主题中的“赞美他人是一种美德”。

还有学生联系到“正确认识自我”这一主题的“We are sharing stars”。他说：“每个人都有优点和缺点，这方面我要向他学习，而另一方面他要向我学习。我们是一家人，我们要互相帮助。优秀的同学要帮助其他同学，让大家一起进步。”我向他会意地一笑。大家的目光一起移向墙上“we love each other”的手印画。

……

发言很热烈，最后学生和我一起把发言总结成三条：

1. 我为你高兴；2. 我为你喝彩；3. 我向你学习。

接下来，我也加入了发言：“我们互相帮助、互相学习的同时，可以找一个同学，作为自己的竞争对手，和他比赛。在一段时间内，比比看谁的进步大。”于是在原来互帮互助小组的基础上，我们班又自由组合，形成了竞争小组。这样就有了第四点——我和你竞争。

至此，同学们对于防止嫉妒心理，有了一个共同的目标，而这目标是分四个层次的。

第一层次：我为你高兴。学会欣赏别人的成功，从一开始就获得积极的心理体验。

第二层次：我为你喝彩。这是看到别人比自己强时表现出的健康心理，是由自我情绪向承认、称赞他人的一次飞跃。

第三层次：我向你学习。看到别人成功了，要努力实现自己的成功。这是由羡慕他人向取长补短、努力向上的飞跃。

第四层次：我和你竞争。如有嫉妒心理，则可把嫉妒心理转化为学习动力和竞争意识，鼓励自己奋起直追。这是一种健康、正确的竞争观念，有助于提高自己的耐挫力和意志力。

三、系列活动继续护航

一节课的讨论和体验是远远不够的，如何在有限的学习生活中创造“向上爬”（防止嫉妒心理）的整体环境至关重要。可以开展以嫉妒为主题的故事会、小品赛，让学生在活动中体验。还可以结合实际，开展以小组为单位的系列性的课题小研究，如“同桌成绩比我好怎么办”“别人嫉妒我怎么办”“嫉妒与身体健康”……学生们通过这些小、近、实的研究活动，在做中学，在实践中体验明理。个体则通过集体这个大环境，维持积极向上的心理体验，逐渐形成良好的心理素质和完全人格。

弛的笑脸又浮现在了我的面前。真的希望孩子们能从老师们为他们创造的大环境中找到最佳的运行轨迹。

方法提升

当学生出现问题时，个别谈话是师生交流常用的一种方式。要读懂学生，这种方式也必不可少。可如果谈话不当，学生只会对你紧锁心扉，如此一来，不仅不能读懂学生，还会增加学生的反感情绪，解决问题更是无从谈起。

与学生个别谈话时，时间和环境的选择尤为重要。我和弛谈话时，选择了晚自习后的教室，周围很安静，又没有旁人打扰，弛心理上会觉得很安全，这就为深入谈话打下了基础。另外，师生谈话时的位置也很重要，老师居高临下或和学生面对面坐着，学生心理上会有压迫感，不容易敞开心扉。可以和学生坐在一边，或两人的座位呈90°角。心理学家研究指出，90°角的座位排列，最易让人放松。因此，不管和学生还是和家长谈话，我通常会这样安排座位。

谈话时，换位思考会推动谈话的进程。师生之间的换位思考，能让老师了解学生的心情。而学生发现老师体会自己的心情后，会更愿意向老师敞开心扉。如，在和弛的谈话中，说了“你们两个一直是好朋友，这几天有好几次闹别扭了，你的心里也不好受吧?”这句话后，我看到弛轻微地点了一下头。我从她的眼神中还看出，她的心也轻微地颤动了一下。而学生之间的换位思考，能帮助解决他们的矛盾。如，我让弛进行心理角色互换，体验一下燕的心境，她因此有所触动，向我敞开了心扉。

学生愿意敞开心扉，这是成功的第一步。接下去，老师就要鼓励学生把话说下去，以便发现问题的缘由。和学生谈话时，我一般不对学生作道德判断，如“你这样做是不对的”“你这样太不应该了”，因为否定的话语，很容易让学生关上心门。我会这样说：“这是一种办法，有没有更好的办法啊?”先肯定，再引导。对于小学生，最好的解决问题的办法，不是说理，不是强权，而是通过故事，通过引导，让学生自己发现问题，发现错误，发现道理。和弛谈话时，我没说太多的话，也没有用到否定的话语，只是专注地看着她，上身略微前倾。我用这样的眼神和这样的体态告诉她：我在倾听，以鼓励她继续说下去。孩子的心理成长是需要倾诉的。因此，有些时候，一些小问题的解决，只用倾听就足够了。

个别谈话中，时间环境的选择、座位的安排、换位思考的使用、眼神体态的鼓励和专注倾听等，都只是一些小技巧。而且所有这些都应基于平时学生对老师的信任，这样才能让个别谈话辅导顺利进行，让老师找到问题的原因所在，并引导、帮助学生解决问题。

个体的心理健康要在团队的大环境中成长。因此，要将对学生的个别辅导扩大到对班级的团队训练，再用团队的力量促进个体的心理健康和完全人格的形成。

心理健康教育不是简单的道德说教，而要遵循、运用有关规律，通过讲故事、讨论等各种活动对孩子进行辅导，让孩子进行角色体验和自我体验，使孩子在活动中感悟，形成良好的心理素质和完全人格。

虽然这次“防止嫉妒心理”的团队训练是由弛这件事切入的，但我在整个集体交流中，避免提及弛和燕之间的事。这次团队训练采用了讲故事、讨论、角色扮演、自我心理体验等各种方法。训练的目标也是分层的。这些有层次的目标，通过具体事实的学习、大量形象的充实、亲身经历的角色体验和自我体验是可以达到的。当然，学生的认知水平和心理发展也有层次。每位学生发展的时间表是不同的。这样的个体差异性决定了教育允许选择，孩子的自我发展能达到几层次就达到几层，哪怕只是第一层。这些具体的指导如梯子一样摆在孩子面前，又有教师和学生共同创造的“向上爬”的整体环境，总有一天，每个孩子都能在自己原有的水平上得到适合自身的最佳发展。

团队训练需要用系列活动持续开展下去。除了虚拟事实体验，还可组织现场情境体验。如，把一次次主题活动设计成充满竞争的比赛活动：在活动前，让孩子体验赛前的摩拳擦掌和信心百倍；在活动过程中，让孩子体验成功的喜悦，并直接面对别人超过自己的真实的挫折场景，体验努力后的失败或落后，力求以积极、健康的心态去面对挫折（直面挫折和耐挫的策略指导又自然成为心理健康教育团队训练的下一个主题）；在活动结束时，让学生总结感受，再次体验。这种从主题到形式的循环反复的挫折实践，使孩子的体验经久、持续。这样，在反复实践、多次体验中，学生学会防止嫉妒心理，也不断强化积极的心理反应，向完全人格一步又一步地迈进。

学生的健康心理是由老师培养和维护的。在突发事件中，学生会暴露出个性的弱点和不健康的趋势，此时亡羊补牢——为时未晚。但更好地做法则是在平时的教学、生活中加强心理健康教育。目前，配备专职的心理老师，条件还未成熟，设置专门的心育课也受各种条件的限制，然“祸兮，福之所倚”，正因为这些限制，可开垦出另一途径：通过班级建设，通过各科教学，将心理健康教育渗透其中；教师通过日常的言行举止，用自身的人格魅力来感染学生。这些方法都具有很强的可操作性，对学生完全人格的培养具有重大的意义。

（丁　莉　上海市平和双语学校）

智慧23

调动体验，改变感受就会改变行为

案例呈现

孩子跳窗以后

第三节课刚下，学生佳火急火燎地跑进办公室："老师，芸跳窗了，我们把她拉起来了。"

我心里顿时一惊："跳窗？为什么？"

"不知道。"

我三步并作两步赶到教室，教室里"热闹"极了：全班同学围在芸的座位旁，看到我来了，便七嘴八舌地向我汇报情况。因为人多嘴杂，她跳窗的具体原因，我一时也听不出个所以然来。

此时的芸，坐在自己的座位上，头伏在桌子上，不停地抽泣。很显然，芸受不了这么多同学和老师的"围攻"，只能用哭来发泄所受到的"攻击"。数学老师气急了，吼了她几句。其他老师也来"关心"孩子为什么要选择跳窗，言语中流露出着急和气愤。我虽然有气，但是看到孩子暂时安然无恙，心里的石头落地了，无名怒火也就随之消失了。

我走到芸旁边，轻声问："芸，你告诉老师，是谁说你了？"

"反正跳下去死了也没有人在乎！"还没有问出答案，就得到了一句无头苍蝇似的回答。

“那你想过你妈妈吗?”

“反正我妈妈也不在乎!”

“老师，芸不是想跳窗的，是……”同学珊插话道。

“嗯?”

“是……”珊看到人多，欲言又止。

我暂时停止了询问。我知道在众人面前，她是不会说出原因的。

上课铃响了，数学老师让芸到办公室去，芸头也不抬，生气地哭着说:“不去!”数学老师又伏在芸的耳边，轻声说了一句话，就把她带出了教室。

初始判断

难道是？我的眼前浮现出上午第一节课后的情形。

第一节课刚下，芸站在窗下透气，觉得无聊，就拿窗帘当秋千，没有想到“秋千”承受不住，“断”了。这件事是学生娇跑来告诉我的，我虽然心中有气，但是想到芸的家长每天中午都会给她们双胞胎送饭，让孩子给家长打个电话，中午安装好就没事了。于是我让娇叫来芸，对她说:“反正已经弄坏了，中午你妈妈来给你们送饭的时候，让家长安装好就可以了。你给家长打个电话说一声吧。”

芸接过我的电话，拨通了妈妈的电话，哭着断断续续地说:“妈妈……我……把窗帘弄断了，你……中午来的时候帮……”从芸打电话的情形来看，她还是很怕家长批评的。难道是怕家长来之后会受到批评甚至会挨打，于是选择跳窗的?

读懂过程

下课时，芸回来了，脸上挂着笑容，手中拿着一本书。我心里总算平静了。我没有让她直接进教室，而是攀着她的肩头，走向办公室，边走边问她为什么要跳窗。她终于肯告诉我事情的原委了："同学珊的笔掉到了教室外的窗台上，我自告奋勇地跳下去帮助她捡笔。没想到窗台太高，无论如何也爬不上来了。珊来拉我，拉不动，又喊来佳，可是她们的力气只够把我悬在半空中，幸亏曾老师和杨老师来了，才把我拉了起来。"

教育之方

了解了事情的真相，我首先表扬了她乐于助人，接着话锋一转，给她讲这件事的后果：

"那你想过跳下去后，万一同学们拉不住，会是什么结果吗？"

"我在家也经常跳上跳下，没有摔过，所以我就跳下去帮忙捡了。"

"在家里也这样？"

"是的，我经常在家里从窗台上溜下去看书。我以为和家里的窗台差不多高，所以就跳下去捡了。"

"那你有想过学校的窗台比家里的窗台高吗？"

"开始没有注意，当我想爬上来的时候才发现。"

"如果她们没有力气了，突然松手了，而两个老师又未能及时赶到，那会是什么样子？"

芸沉默不语。

我让她想象一下情境。

"如果她们没有力气了，突然松手了，而两个老师又未能及时赶到，我会摔下去。"

"摔下去又是什么情形呢？"

"肯定会头破血流，我肯定会疼得哇哇哭，或许会晕过去，这时全校的老师都得围着我转，或许救护车已经把我送到医院。妈妈看到我这样，也肯定会急得哭……”

“是啊，你看，会造成这么严重的后果，那你当初想过这个问题吗？”

“这些我确实没有想过。”

“那你们为什么不想别的办法，却用‘跳下去捡’这个办法呢？可以用扫帚把笔扫到下面去，然后到下面去捡，不是更安全吗？”

“当时没有想这么多，只看到珊的笔掉下去了，我想也没有想，就跳下去捡了。”

“哦，那以后遇到事情应该想一想，是否还有比这更安全的、更好的办法才行。只要多想，办法总会有的。像你今天的做法，初衷是好的，但是最后的结果却不尽如人意，让全校都为你提心吊胆。如果你今天真的摔下去了，我们全校都不得安宁，我和校长将会因为你的这一举动而受到相应的处罚——说不定校长会因为你撤职，我也因为你当不成老师……”

芸突然睁大了双眼。我点点头，表示事情远比她想的严重。我接着告诉她，幸好这个“如果”没有实现。我又话锋一转，问她：“你今天说妈妈反正不在乎是什么意思？”

这时孩子竹筒倒豆子似的描绘了这样几个场景：平时想看电视，妈妈不允许；周末想出门玩，妈妈不允许；即便想看书，妈妈也不给买；有时吃东西，如果只剩下一个的时候，妈妈总是偏向妹妹。

当孩子告诉我这一切的时候，我心里对自己说，孩子还是太小，不能明白父母的苦衷和心愿，便对孩子说：“等会儿你妈妈来送饭的时候，我跟她说说，周末还是可以适当放松一下的。但是妈妈的心意是好的，因为她自己读书太少，所以把希望寄托在你们身上，你们应该学会理解。不过，有什么事情，可以和妈妈沟通。至于看书，我明天给你带几本，如果表现好，我还可以多奖励你几本。你妈妈不给你们买书，肯定有自己的原因，是不是家里修房子了，经济不宽裕？”孩子点点头。我接着说：“你看班上的其他同学大多是独生子女，而你们是双胞胎，那么妈妈对你们的付出就比别的父母要多，自然也就比别的父母更辛苦，所以你们应该多体谅父母才对。另外，至于吃的东西只有一个时，妈妈偏向妹妹，我认为你应该让着妹妹，你是大的呢！对吧？”孩子笑着点点头。

看到孩子的脸上慢慢露出笑容，我问孩子还有没有需要我向她家长转达的话，孩子笑着说“没有了”。我告诉孩子：“刚才说到的这些问题，我会给你妈妈提出建议的，比如给你买书看，以后买东西时尽量买双份等。”孩子笑着离开了办公室。

芸的妈妈送饭来了，我把她叫到办公室，和她说了今天的事，并重点给她提了以下几点建议。

第一，周末孩子完成作业后，允许孩子适当玩一玩，允许孩子看会儿电视，以增长见识，只要控制好时间即可。做家长的，不能当唐僧，动不动就给孩子上紧箍，这样孩子就会失去自由，失去快乐，眼里、心里就只有恨了。

第二，孩子想看课外书，是好事，应该鼓励，如果经济不允许，建议给孩子办一张图书馆的卡，这比买书节约，也方便。在教育孩子方面，和孩子爸爸一起商量个好办法，不可简单粗暴。

第三，平时多和孩子沟通交流，了解孩子的心理活动。没事时多带孩子到处走走，比如公园等，一边走，一边和孩子聊天，让她们感受父母的爱，感受家庭带给她们的温馨。有时还可以陪着孩子一起看看电视。这些都能增进孩子和父母之间的感情。做父母的只有和孩子多沟通，才能关系融洽。同时，孩子说的事，不让告诉爸爸的，尽量不告诉，或者告诉了，也让爸爸装作不知道。想到好的办法，寻找到好的时机，再教育孩子比较合适。

芸的妈妈听了我的话，和我说起芸在家里的一些情况："她是经常说我偏心，这一点我以后注意；我不让孩子出门玩，是怕出事，毕竟是两个女孩；多看电视，对眼睛不好，所以才不允许的；有几次她给我说的事，让我不告诉她爸爸，我想到有些事自己处理不了才告诉她爸爸的。那我以后一定注意这些问题。哎，孩子太小，不容易体谅我们……"

下午的几节课，我给孩子们讲父母生育他们，所付出的辛劳，是无法用钱衡量的，同时我还引导孩子在父母不理解自己的时候，试着和父母沟通，相信父母会理解的。遇事要三思而后行，学会多想办法，想清楚后果。比如今天这件事，如果芸认识到安全的重要性，如果首先想到事情的后果，或许就没有今天的有惊无险了。

方法提升

心理学研究表明：内心感受的驱动力远远大于理性的支配，而内心的感受往往和生活的经验有直接的关系。不同的生活经历会形成不同的感受，所以每个人对事物的认知也会千差万别。有时候在他人看来很荒唐的事情，对当事人来说可能是合情合理的。因此，要想有效地改变一个人的行为，最佳的方法就是改变他的内心感受。如果他内心感受不变，即使借助惩罚等外界的压力，他也往往会口服心不服，甚至出现屡教不改的情况。

那么该如何有效改变学生已经形成的感受呢?

一、让学生想象该行为可能产生的后果

当学生做了一件在老师看来不允许的事情时，老师先不要着急

全盘否定，否则会把学生置于对立的状态，在这种状态下学生很难接受老师的教育。而要静下心来，引导学生分析这样做的后果。为了让这种后果的影响力产生巨大效果，我们可以借助想象的方法，让学生认识到这样的后果一旦发生会造成什么影响，并用层层推理的方法让学生意识到问题的严重性。这样再警告学生不随便跳窗台，做事要三思而后行，学生就会感受到老师对她是真的关心，从而会心甘情愿地接受老师的教育。

我们设想一下，如果没有这些想象作基础，老师直接批评学生的行为，学生会接受吗？在她看来这样的行为是没有危险的（有在家的经验），且自己是助人为乐，本应该受到表扬，老师反而批评自己，她能接受批评吗？

人们做事的两大激励原则就是：追求快乐，逃避痛苦。因此调动学生想象改变感受的做法有两个：第一，引导学生去做什么。这时我们可以通过提问，调动想象，让学生体验这样做会有什么好处，有了这样的好处时又会有什么好处。如此推理，当产生的好处足够激发学生的内驱力时，学生就会向着老师期望的方向发展。第二，引导学生避免什么。这时老师就是通过提问让学生想象和感受后果，当可能的后果足以给学生震撼力的时候，学生也会改变自己的行为。案例中我运用的就是这个做法。

二、重新改变对过去事件的认识

过去的事情都已经过去了，我们现在并不能改变过去，但是我们可以改变对过去的看法。例如，一个学生对某位老师特别对抗，他直接告诉我不喜欢该老师，因为该老师曾经在课堂上批评过他，让他难堪。这个时候，我没有简单地进行说教，而是问他老师批评他的目的是什么，以及如果老师看到他有不良表现而不管不问的话又说明什么。这个时候学生对老师的行为作出了新的认识：老师是在帮助自己，想让自己变得更好，也说明自己还可以做得更好；如果老师不管自己，就说明自己无可救药，被老师抛弃了。当学生改变对事件的认识时，他对老师的敌对情绪也自然淡化，反而产生一种感恩的想法。

三、创设情境，增强体验

孩子毕竟是孩子，有时考虑问题很简单，有时仅仅出于一种好意，没有意识到安全、生命等方面，这都是孩子的特点。这时我们可以召开一期以安全为主题的班队会，让孩子认识到安全的重要性。在这一期的主题会上，可以多创设几种情景，让孩子假想问题的严重性，然后让孩子说说如果真的遇到类似情况，应该怎么做。在这种情景的创设、假想中，进一步思考应对方法，同时把所有的方法拿来作比较，让孩子讨论哪种方法更合理，更安全，更好。

四、蹲下来看学生，洞察学生的内心世界

只有这样，才能找到解决问题的根源。要想断绝孩子某种行为的“根”，我们一定要走进孩子的内心，洞察孩子内心的世界，从而挖掘他内心的根源，找到他那么做的真正原因。著名教育家陶行知说过：“真教育是心心相印的活动，唯独从心里发出来，才能触动心灵的深处。”在上述案例中，我所采取的方法便是和孩子谈心。了解了孩子的真实想法，我便找到了“除根”的良方：告诉孩子在提倡乐于助人的同时更要注意安全，如果因为乐于助人而忽视安全，后果不堪设想，不仅给自己带来不必要的麻烦，也给其他人，特别是给受帮助的人带来心理上的愧疚。

走进孩子心灵的最好方法就是蹲下身来，和孩子平等交流，

问问孩子需要什么，为什么这么做，然后给孩子讲生命的可贵，安全的重要。让孩子认识到生命是父母给予的，但是却要靠自己去珍爱。

法国著名思想家蒙田说："教育孩子是人类最重要而又最困难的学问。"这句话告诉我们：教育孩子是一门学问，而且是一门重要的学问，也是最困难的学问。上述案例，我们就看到了教育的困难性，同时也看到了教育的重要性。

苏霍姆林斯基也告诉我们："教育者应当深刻了解正在成长的人的心灵……只有在自己整个教育生涯中不断地研究学生的心理，加深自己的心理学知识，才能够成为教育工作的真正的能手。"所以我们应该深刻了解孩子的心灵，真正了解学生；只有真正了解学生，才能教育学生。

（陈　娥　湖北省远安县南门小学）

智慧24

唤醒教育，激发学生的内在力量

案例呈现

她为何把别人的书撕烂

“老师，晴晴把别人的书撕烂了。她好自私，霸占别人的书。”

原来，晴晴趁同桌不在，拿起同桌新买的《少年维特之烦恼》看了起来。同桌回来后想要回书，晴晴不给，于是就发生了争夺，好好的一本书就这样被“分尸”了。

按理说，一个相对文静的女孩，要不就是受人欢迎，要不就是令人肃然起敬。而她竟然如此粗暴，做出叫人侧目的事来。这是一种什么心理呢？我一时也想不通。等报告的学生走后，我才慢慢琢磨起来。

晴晴是班上唯一还在山里住的学生。她习惯独来独往，就像一只野山猫。我喜欢她文静的样子，白皙的皮肤，微卷的刘海，会说话似的眼睛，声音轻轻盈盈、细细柔柔的；课上不发言，下课也少走动，尤其喜欢看课外书。鉴于她的特殊性，我一直把她看作一个“特长生”。为了更全面地了解这个学生，也为了让自己的教育更有针对性，我决定对该生进行一次深入的家访，然后再确定教育她的策略。

初始判断

坑坑洼洼，高高低低，我一边跌跌撞撞地走在家访的山路上，一边认真地梳理着该生的点点滴滴。

据她小学班主任说，她读小学时，就是个内向自私的学生。妈妈早逝，丢下了她和一个小弟弟。但是，她学习成绩却不差，一般是中游偏上。到了中学，她还是我行我素。平时，她想要的东西，即便是别人的也敢霸占，而且，脸不红心不跳手不抖。这次又是自私惹的祸。

深入了解

“晴晴是个家务能手啊。”我一进门就看见她在灶前烧火。旺旺的火苗，让我觉得很温暖。“老师来了，晴晴欢迎吗？”

她只是微笑着点点头，又摇摇头。穿一身红色衣服，显得很清纯，很干脆。

“你爸爸呢？”

“在后山砍柴呢。”细细的声音，很美。

和她们父女一起吃饭时，晴晴不时地提醒我吃菜，还往我碗里夹菜。“你弟弟呢？”我笑着问，“弟弟也该在读小学吧？”

“没有啦。死了！”晴晴的声音很细很细。我似乎听到了哽咽的声音。我陷入了沉思。一个只有十一二岁的本该天真活泼的孩子，在生活荆棘的冲撞下，哭无泪，笑无声，伤无痕—— 一朵鲜花可以艳照人间，却不能芬芳自己。晴晴的家庭遭遇和心灵创伤，是一张感情地图，很多很多地方，留下了空白，留下了思考。

活泼可爱的弟弟走了。据说，弟弟走的那个晚上，晴晴一直守护在弟弟的灵柩旁，不时看看弟弟的遗容，去掖掖弟弟的衣角，去点油灯。不知道的人，可能会误会，晴晴像妈妈。其实，这时，晴晴也仅仅10岁呀。父亲一直在哽咽。晴晴却没有伤心，没有号哭，没有流泪。她睁着大大的眼睛，看着弟弟的灵柩。该走的人，走远了；该醒来的人，还在身边。

我在家访中了解到，母亲在世时，晴晴很开心，会撒娇，会调皮。妈妈走了，晴晴的心第一次受到了重创。有几天，爸爸劝她吃饭，她都是哭，直到把泪水哭干了，才被强逼着吃几口饭。从此，晴晴的世界没有了笑声。有时候，就是弟弟偶尔的玩耍，引起她的兴趣，她也没有大笑。

做父亲的想让女儿开心点，找个好学校好好读书，便舍近求远，把晴晴送到了我的班上。要知道，我们学校离她家有近八十里远，而且有一段是十几里的山路。不是山民有了钱，而是一种寄托和期盼。但父亲在村里是出了名的老实人——憨厚、忠诚，多少会影响晴晴的性格。

教育之方

这天，我在晴晴家过宿，这也是我第一次在学生家客住。我看到家里家外，整整齐齐，干干净净，很舒适。看得出她是一个很有生活条理的女孩。在晴晴的个人领地——小房间里面还有书柜和写字台，虽然很简陋陈旧，书却很丰富，种类繁多。

第二天清早，我和晴晴父女俩一起上山看菜。那块菜地是山上唯一的菜地。远远就看到绿绿的菜长在红土地里，好一幅山民菜地图。

“这些菜是自己种的。种子都是自家留的。”厚道、憨实的父亲告诉我。

“这菜也有不发芽的吧？”我随意问道。

“有哦！不发芽的种子不多。但是，我会补种。你看，这一茬就是我补种的。”菜苗壮壮嫩嫩、青青幽幽的，很是可爱。

“晴晴，你会种菜吗？”我笑着看看晴晴，“种菜也需要学问呢。”晴晴转头看向我，圆圆的眼睛，红红的脸蛋，似乎在等着我继续讲下去。我说：“我也喜欢种点菜。课外到菜园走走，的确是种享受。就是看到那些不发芽的种子，心里有点急！”

“老师也种菜啊？”第一次听到晴晴主动“发言”。

“是哦！我的很多性格也是在菜地里形成的。比如，善待每一棵菜，给菜送肥要均匀，适当松松土、浇浇水，让我学会了等待，学会了希望，学会了欣赏。”

“老师！你真会说！”晴晴莞尔一笑。

晴晴返校后，我再次找到她谈心。先是说了很多欣赏她的好话，比如会做家务，会照顾爸爸，会原谅别人，会招待客人，等等，然后引导她做个宽容的人，教她学会容纳别人，多与同学交往，适当帮助别人。比如，有书就借给同学看；想看别人的书，就要先问，看完要及时归还。晴晴听我讲话时，态度明显比以前安静坦然多了。一张可爱的笑脸，清纯，美丽。

“我们要像爱护荷叶的露珠一样爱护孩子的自尊心。”（苏霍姆林斯基语）任何时候，关注学生，就要关心学生的心理，了解学生的心理，帮助学生渡过心理沼泽地。

后来的一段时间，我再也没有听说晴晴自私的事，就连上课发言，有时也可以叫叫她。我上语文课时，就让晴晴上台展示过几次。虽然答案不尽如人意，但是，毕竟有了好开端。

方法提升

美国成功学奠基人奥里森·马登博士说：“人类的心灵深处沉睡着巨大的力量，这股力量令人震惊，人类从来不曾想过能拥有它。一旦这股力量被唤醒，并付诸实践，人生就会引发‘革命’。”

每个人从小就会有各种梦想，在内心深处希望自己天赋异禀、有所作为，令人刮目相看；希望营造美好的人生，期待高品质的生活。然而大部分人因为生活的挫折、日常的琐碎、外来的评价、自我的否定，梦想越来越模糊，内心的正能量越来越少。

心理学研究表明，过去的一切经历都会以影响、声音、动作和感情的形式保存在一个人的潜意识里，这些东西都会在无形中发挥着重要的作用，影响着一个人对自己的评判。

因此，如果不注意化解这些负面影响，唤醒内心的力量，我们的说教就会变得苍白无力。

我们无法改变一个人，但可以影响一个人。当我们努力去劝说一个人的时候，往往传递的意思是这个人有多少缺点，会使对方本能地建起防御系统。而当我们放大一个人的优点时，对方的内心感觉会随之变化，会自觉反思自己的不足，从而想办法弥补自己，提升自己。因此，唤醒一个人的自我价值感不是告诉他应该怎么样，而是借助事实让他感觉到自己可以做到什么样。

德国哲学家雅斯贝尔斯说：“教育本身就意味着一棵树摇动另一棵树，一朵云推动另一朵云，一个灵魂唤醒另一个灵魂。”

母亲的去世、弟弟的夭折，无形中给晴晴留下了极度的心理阴影，让她在内心深处感受到自己是一个不幸的人。这份感觉左右着她对外界行为的判断，形成了她极度敏感的内心反应。当她受到外来刺激的时候，这份敏感又会产生强烈的自我保护意识，以让自己少受伤害。

这就是为什么同桌在要回自己的书时她是如此的倔强，给外人很自私的感觉的原因。这种行为是自我价值感低下的典型表现。因此，要想改变学生的行为，就要从改变学生的自我认识开始；要想改变学生的自我认识，就要从她的原生态生活中找到积极的、阳光的一面。

家访中，我巧借种子的成长来暗示一个人的成长是需要等待的。这份暗示恰恰符合了学生的心理期待：渴望被理解，渴望被关怀，渴望被重视。于是学生就不自觉地露出了久违的笑容，这是她冰冻的心理开始融化的标志。

在后期的教育中，我有意识地寻找学生的优点，让学生在优点中感受到自己的价值。例如，会做家务，会照顾爸爸，会原谅别人，会招待客人。这些优点都是实实在在的，都来自我对她的生活的具体了解，所以学生很容易接受这些评价。没有事实支持的赞赏往往会给人以虚假的感觉。因此，表扬他人的时候，不要靠美丽的辞藻，而要借助具体的事实。

唤醒别人自我价值感的前提是建立亲和感。在没有亲和感的情况下，机械的说教很难走进学生的内心世界。案例中，我不辞劳苦地前去家访，在家访中不谈教育而话家常，在无形中拉近了与学生的情感距离，让学生感觉到老师非常重视她。当学生愿意亲近老师的时候，自然也愿意接受老师的教诲。所谓“亲其师，信其道”，就是这个道理。

唤醒他人需要自己内心具备强大的正能量。如果自己能量不够，面对他人的悲观和消沉，我们只能表达同情，甚至还会无意中加深学生的负面情绪，让对方认为自己真的就是如此糟糕。

想要拥有正能量，首先要有一颗爱心，对教育执著，对学生有真爱。其次，要有一颗包容之心。只有这样，才能包容学生存在的问题，找到唤醒的方法。第三，要有一颗真诚之心。生活像一面镜子，我们用什么方式对待他人，就会收到他人同等方式的回报。没有真诚的教育很难打动学生的心灵，更无法唤醒其内在的能量。

（黄长贵　江西省上高县田心中学）

智慧25

品画功夫看性格，团体理论解心结

案例呈现

这幅画让人很纠结

2009年9月17日晚自修，我发现班上的成成画了一条龙（图一）。作品笔法娴熟，形象生动，但总感觉哪儿不对劲。为了深入了解成成的内心世界，我把这幅画用手机拍下，让专业老师帮忙分析了一下。

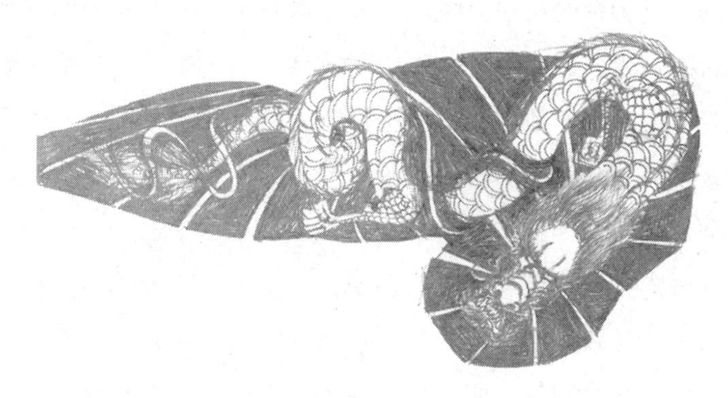

图一

初始判断

五位美术教师联合“会诊”，分析成成的个性心理特征。老师们这样描述：

这幅画使用了不大常用的冷色为主色调，表明作者的幸福感缺失；底色为黑色且线条有很多断裂处，说明作者有一定的暴力倾向；线条颜色过重，说明作者较为敏感；龙身缠有绳索之类的束缚物，说明作者内心纠结痛苦；龙的眼睛向上翻，表达了作者的挣扎；整条龙蕴藏着杀机和冲动，等待着爆发的瞬间……

一幅美术作品竟然能看出这么多问题！联系成成平时的表现，老师们的评价让我感觉到问题比较严重，我认为有必要通过我和班级团体的力量转变成成。

读懂过程

通过与家长、成成的多次沟通，我得到了宝贵的教育素材：成成两岁时父母离异，母亲在成成 10 岁时下嫁年长她 12 岁的农民，给了成成一个“完整”的家，但“爸爸”从不管他。中考落榜后，成成与四名铁哥们儿相约到烟台闯世界，发下毒誓谁也不许毁约。赴烟台的前一天晚上，成成退缩了。另外四个朋友如约到烟台闯世界，成成则进入中职学校读书。一年了，其他四人谁也没打电话给他，他也觉得没脸打电话给这几个哥们儿。他不再活泼好动，甚至有些孤僻，入校一个月，先后三次用拳头捶击水泥墙面，致使手部新伤覆旧伤。

家庭离异给他带来了心灵创伤，他缺少应有的幸福，特别是缺失父爱，导致性格急躁。初中时比较强势的他，到了本班，遇到更强势的几个同学，所以总是在压抑中度日，没有充分展现自己的机会和空间。因为内心纠结，又没有发泄的对象，所以他有时自虐，用小刀划破手臂以排解郁闷。他不是不想爆发，而是在等待机遇和对象——这幅画创作后的第 13 天，他用画板打破了一个男同学的额头。他善于撒谎以掩饰自己，而每次撒谎时都是翻着眼睛向上看，和画中的龙的眼睛极其相似。

找到了成成的病症，我决定采取积极主动的沟通方式来转变他。

一、用父爱带动转变

我选择在操场绿油油的草坪上与成成交谈，宽阔的空间舒缓了他心底的压抑，微微的秋风便于思想的交流，偶尔清脆的鸟鸣增添了和谐的旋律。所以谈话很成功！

通过谈话我得知，家庭离异给他带来了心灵创伤，他缺少应有的关爱。特别是“爸爸”对他不闻不问，让他缺失了父爱，缺失了正常的男性度，不能在人生的关键期树立男性的形象标准。

我积极与成成的家长，特别是“爸爸”协商，希望他能多多关注孩子的成长，让成成在最需要父爱的时候拥有一份属于他的父爱。“爸爸”听到自己的不作为已经影响到成成的心理健康时，感到十分内疚，决心今后尽力做好榜样，为孩子的健康成长创造良好的家庭环境，让成成重获父爱。我也注意在平时的生活中用自身的男性气质带动成成的成长，给他另一种“父爱的关怀”，让他在“父爱”中转变和成长。

二、用团体带动转变

场地论主张，行为是个体与环境互动的结果，个体在小团体中与他人互动而产生行为的改变。这说明我们对待个体问题行为时，与其个别辅导处理，不如采用小团体的方式，这更能改变个体的态度和行为。

因为成成年幼时没有得到男性标准，他就将目光投向了学校中的同性好友。而中学阶段同性交往正是主要的人际交往形式，久而久之，几个经历和愿望相似的男生就形成了一个小团体。后来，团体给予他应有的关爱，他又重新恢复了阳光和自信。但是因为男性度的缺失，成成在集体约定闯世界的关键时刻选择了逃避。

根据社会心理学的小团体理论和马斯洛的需要理论，小团体的成员会相互依赖并产生隶属感、荣誉感。在这种群体中，成员间的关系比较密切，交往比较频繁，心理感受也比较明显。

成成渴望在小团体中找到归属和爱，渴望被尊重，但是他的逃避“背叛”了团体，所以成成一直背着“背叛朋友”的重负，一直在负罪感中生活。他压力极大，情绪爆发时大多以自我伤害达到惩罚自己、麻痹意志的目的。

我决定通过小团体的力量对成成实施“拯救”。我发动同宿舍的男生与他多交流，让他感受到团队的温馨和彼此信任的重要性；让班长（很有男性气质的男孩）适时与成成谈心，及时了解他的内心世界，利用生活或学习中的点点滴滴感动他，让他在感动中与人相处。

当然，“解铃还须系铃人”。成成因为“背叛”小团体而心存重负，我也要借小团体的力量为他卸除精神的枷锁——我为成成设计了一个别有特色的生日聚会。生日的那天晚上，我和成成，以及班里的所有住宿生聚在学校的生日餐厅，每位同学为成成献上一句祝福。这些祝福都是我和同学们一块商量定下的，包含了希望成成快乐、幸福、开朗、自信等期盼。当我们为其唱响生日歌的时候，我发现成成眼角有闪烁的泪水。此时成成的电话响了，他初中那个小团体的哥们儿来电话了！

——“成成，我们在烟台很好，因为忙，所以没时间回去看你！”

——“成成，别学我们啊，多读书，读好书啊！”

——“成成，我们不怪你的，那时我们懂得少……”

——“成成，今年过年回家找你喝酒啊，不醉不归……”

按照我提前与成成的四个哥们儿的约定，他们每人对成成说了一句发自内心的话。成成抽泣着。接着，电话那端，四人集体大喊：“成成，生日快乐！”成成号啕大哭，哭得那么彻底——精神终于得以解脱。可怜的孩子！在花样年华时经历了不应有的磨难，承受了常人难以想象的巨大压力！他终于解开了心结，释放了被囚禁已久的心灵。

在小团体里，孩子们学着长大，他们不约而同地遵守团体的规则，学会分享和容忍。这也是个体社会化进程中一个很重要的阶段。在小团体里，孩子们摸索人际交往中自己的合适位置。一旦团体作出不当决定时，个体可能会迫于群体的压力，不顾后果地跟从，后果是难以预料的。

方法提升

古时有“画如其人”的说法，虽说不完全科学，但却反映了人的肢体行为与心智密切相关。我是一名德育教师，十几年来，凭借班主任工作经验的积累，创造性地通过品画，成功解开成成的心结，获得了心理疏导的重大突破。于是，我深深恋上了品画。此后我将欣赏学生的作品当作每天的必修课。从学生的作品中，我读到了他们的喜悦、烦恼、忧伤和骚动，也看到了他们成长的足迹。

当然，任何艺术都需要情感的投入。从那以后，在繁重的教学和管理之余，我非常注重学习美术鉴赏知识，经常主动与美术教师交流探讨，一笔一画地分析每个学生的作品特点，以及折射出来的内心世界、行为习惯。为了体验绘画与情绪、性格的关联，我还利用假期时间在妻子的指导下进行美术基本功的练习。

在长期的练习、研究和对比中，我发现：线条流畅自然，说明作者性格开朗，最重要的是自信；线条轻重匀称，构图严谨，说明作者有较强的自制力，交给的工作定会尽力完成；图中物品错落有致，远近大小适中，安排合理，说明作者具有较强的协调平衡能力；构图偏小，说明作者心胸不够宽广；线条颜色过重，说明作者较为敏感，颜色过轻则表明作者缺乏自信；经常因用力过大而折断铅笔，说明作者有一定的暴力倾向；构图和绘画不按照老师的思路走，说明作者有冒险精神，同时也有犯下低级错误的较大可能；颜色以冷色调为主，则表明作者的幸福感缺失……每个学生的每一幅绘画作品我都会看，因为画在我心目中已经成了学生的情绪晴雨表。

早期行为主义代表人物华生认为，查明了环境刺激与行为反应之间的规律性关系，就能根据刺激预知反应，或根据反应推断刺激，达到预测并控制人的行为的目的。

我通过品画判断学生的性格及工作能力，并将其应用多年，成功地帮助多名学生解除了心灵的困扰，形成了健康积极的人格。下面两幅图（图二）是 2010 年 1 月 10 日成成的作品。通过品读，我看到了成成的变化。

图二

这两幅画还是使用了冷色为主色调，表明作者的幸福感还有待提升；线条较为流畅，已经很少有断裂处，说明作者的暴力倾向逐渐消失；线条颜色已经不再沉重，说明作者不再过分敏感；蛇身上已经没有了绳索之类的束缚物，取而代之的是蓝色的花，说明作者内心已经在向阳光方向发展；蛇的眼神温顺了很多，表明了作者的性情上的变化……

我还根据绘画人的不同性格施以不同的教育，使其在不同的发展阶段担当不同的班干部，人尽其才。

创作图一时的成成情绪不稳定，所以他的工作对象主要是物而不是人，这样既让他有集体的归属感，又避免他在管理中与其他同学产生矛盾和冲突。我根据他敏感的优势，安排他担任本班的文书，负责记录班级的大事。他用他敏感的目光，看到了很多同学看不到的细节，一页页的记录成为我们班宝贵的财富。他在校两年半时间，撰写的班级资料超过 22 万字，这也成为我教育生涯的无价之宝。

创作图二时的成成心理趋于阳光，需要更多的交流与合作。为使他及早融入班集体，我鼓励他参加学校运动会单项比赛，并让他在拔河比赛、接力比赛、集体跳绳比赛中担任主力。春运会上他激情四射，一举取得男子 400 米、800 米的第一名，并带领班级取得 4×100 米、4×400 米的第一名。在竞赛中他感受到同学们对他的热情，感受到比赛团队需要他的一份力量，感受到他也是班集体不可缺少的一分子。我也适时地改选班干部，让他担任体育委员，进一步锻炼他的组织协调能力。

图三是成成 2010 年 6 月 11 日的作品，画面整体关系不错，比较柔和，空间感较强，画面较为舒展，代表了他内心的紧张和纠结已基本消除，感情世界也随之丰富，变得阳光了很多，与同伴之间的关系逐渐和谐，并学会变通地处理人际关系，从较为孤僻孤傲转变为朋友增多，交往较广；画面主体较为突出，说明他

学会了以大局为重，学会了尊重规则；但是局部物体如苹果处理得不够细腻，说明他在工作或生活中部分细节问题没能解决好，需要不断改进，比如抗挫折能力和心理调试能力还需要巩固与提高。

图三

图四是成成2011年5月20日的作品。构图大方沉稳，塑造深入，造型准确，整体感较强。说明成成的性格已经较为开朗，考虑问题较全面，做事较为严谨，集体观念和团队意识较强。他已经负责级部学生会的组织工作，以及学校宿管部的工作，两项工作都干得很出色。

从图一到图四的所有变化，历经18个月。这18个月的磨炼，既锻炼了成成的意志，也考验了我的耐心。可以这样说，成成的成长，是在我看懂了他的画，读懂了他的内心的基础上完成的。

教师是学生人生道路上的思想导师。从学生的艺术作品中读懂学生，并且真诚、友善地走进他们的心灵，是我多年来摸索、实践出的教学经验。通过品画，我更易于把握学生的行为习惯和精神状态，准确掌握班级工作的分工，从而在教育过程中尽心帮助每一个学生形成健康的人格。同时，教师的生活也需要一点悠

图四

闲的情趣。情趣的养成，是对生命的唤醒，是提升个人素养与感悟的关键一环。

（原新国　山东省威海艺术学校）